# [図解]わかる! MBA

梅津祐良 監修／池上重輔 著

PHP文庫

○本表紙図柄=ロゼッタ・ストーン(大英博物館蔵)
○本表紙デザイン+紋章=上田晃郷

# [図解] わかる！MBA 目次

# I イントロダクション

1 何のためにMBAを取得するのか —— MBAの意義と活用 …… 8

# II 戦略

2 戦略なくして勝利なし —— 戦略の構造 …… 12
3 何のための会社なのか —— 経営理念と事業の定義 …… 16
4 限られた資源をどう使うのか —— プロダクト・ポートフォリオ・マネジメント（PPM）…… 20
5 ねらっている市場は本当に魅力的か —— 環境分析（外部）…… 24
6 まずは自分の会社の外側を見てみよう —— 5つの力分析 …… 28
7 自社内にある競争優位の源泉は？ —— 内部分析：バリューチェーン（価値連鎖）…… 32
8 強さと弱さを冷静に見きわめる —— SWOT分析 …… 35
9 差別化と集中でトップをねらえ —— ポーターの3つの戦略 …… 38
10 攻撃か防御かを見きわめよう —— 競争地位4つの類型 …… 42

# CONTENTS

## III マーケティング ... 47

**11** マーケティングとは何か——マーケティングの4P ... 47

**12** 周囲の変化にどう対応するか——PEST分析 ... 51

**13** ねらうべき顧客とそれ以外を峻別しよう
——セグメンテーション・ターゲティング・ポジショニング ... 55

**14** もっとも効率的な組み合わせを考える——マーケティング・ミックス ... 60

**15** 顧客は商品に何を求めているのか——製品（中味&パッケージ）... 64

**16** 値段のつけ方で大きな差がつく——価格 ... 67

**17** 潜在的顧客を掘り起こせ——プロモーション ... 74

**18** 流通を制する者が市場を制す——チャネル ... 78

**19** ブランドの威力をあなどってはいけない——製品・ブランド ... 82

**20** 結果のブレは前提に戻って対応せよ——マーケティングのスパイラル分析 ... 86

## IV 組織 ... 91

**21** 強い組織はどうしたら作れるか——人と組織と戦略 ... 91

## V 会計

**22** 組織のどこに注目するのか——マッキンゼーの7S ……95

**23** あなたの会社に最適な組織の形とは——組織形態：機能別組織 ……97

**24** スピードと効率を追求するために——事業部制組織、カンパニー制、マトリックス組織 ……99

**25** 強い組織は文化を育て、文化に育てられる——組織文化とその形成プロセス ……103

**26** 真に組織が変われば、結果もついてくる——組織変革のプロセス ……106

**27** いかに社員にやる気を出させるか——モチベーションとインセンティブ ……110

**28** 社員は正当な評価を欲している——業績評価システム ……116

**29** 経営者は「夢」を語れ！——リーダーシップ ……120

**30** 会計を知らずして意思決定はできない——財務会計と管理会計 ……122

**31** この期間、いくら稼いで、いくら損をしたのか——損益計算書（P／L：Profit & Loss Statement）……126

**32** 会社の財産はいまどれくらいあるのか——貸借対照表（B／S：Balance Sheet）……130

**33** キャッシュ（現金）は会社の血液

# CONTENTS

## VI コーポレート・ファイナンス …… 148

34 会社の実態を把握して問題点をあぶり出せ
　——キャッシュフロー計算書（C／F：Cash Flow Statement）…… 135

35 どれくらいの製品を販売すればいいのか——損益分岐点分析 …… 140

36 会社の実態を把握して問題点をあぶり出せ——財務比率分析 …… 146

※

36 将来、どれくらいの価値が期待できるのか——時間的価値 …… 148

37 会社の資本コストをつかむ——資本コスト：WACC …… 155

38 投資に対して、どれくらいの収益が期待できるか——資本コスト：CAPM …… 159

39 この会社は将来、売りか買いか——株価収益率：PER …… 163

40 何をもとに銘柄を評価するのか——株価純資産倍率：PBR …… 168

41 いったい現金でいくら儲かりそうなのか
　——DCF法（Discounted Cash Flow Method）…… 173

## VII トピックス …… 177

42 物流が戦略ツールになった——SCM（サプライチェーン・マネジメント）…… 177

43 顧客のためにどう品質を管理するか——シックスシグマ …… 181

44 ベンチャー精神を忘れてはならない——日本の活性化とベンチャーの役割 …… 185

# I イントロダクション

## 1 何のためにMBAを取得するのか
### ——MBAの意義と活用

まずMBA（Master of Business Administration：経営学修士号）の本質とは何か？

MBAの本義は、トップマネジメントの基本動作・考え方・知識を体系的に学ぶことであり、実はマーケティング、財務・会計、組織論、戦略などの知識自体はMBAの価値の一部にすぎない。

**不完全な情報・環境下で意思決定するためには、どんな"考え方"をすればよいのか、また、その決定した戦略を現実のものとするべく、社内外の人々の協力**を最大限に得るためにはどんな行動・ふるまいをすればよいのかを"体感"することこそ**MBAの最大の価値である。**

これが、欧米でMBAが経営トップの基本的素養といわれるゆえんである。

本書は、MBAのコアコースの知識だけでなく、実践力が身につくよう、なるべく実際の企業のケースを紹介する。

つい最近までの日本では欧米のビジネスに対するある種のアレルギーがあり、せっかくMBAを取得しても、それがプラスに働かなかった例もあった。

8

# I イントロダクション

しかし、昨今の不況・国際化により、多くの企業・大学・個人はMBA型の思考・行動様式を積極的に受け入れざるを得ない状況になってきている。

ただ間違ってはいけないのは、MBAはビジネスにおける成功確率を高めるさまざまな要素のひとつであり、MBA取得＝トップマネジメントへのパスポートではないということである。

とはいえ、**MBA取得者へのビジネスチャンスは今後増加してゆく可能性が高い**。MBAを取得した主な日本人経営者のリストを見ると、この人々が他とはひと味もふた味も違う経営をしていることに気がつくことと思う。

そう、MBAは経営者になるための手

### MBA取得の主な日本人経営者

| 氏名 | | MBA取得校 |
|---|---|---|
| 岡田元也 | イオン社長 | バブソンカレッジ |
| 小林陽太郎 | 富士ゼロックス会長 | ペンシルベニア大学ウォートンスクール |
| 三枝　匡 | ミスミ社長 | スタンフォード大学 |
| 玉塚元一 | ユニクロ社長 | サンダーバード（AGSIM） |
| 内藤晴夫 | エーザイ社長 | ノースウエスタン大学ケロッグスクール |
| 新浪剛史 | ローソン社長 | ハーバード大学ビジネススクール |
| 浜田　宏 | デルコンピュータ社長 | サンダーバード（AGSIM） |
| 藤井清孝 | SAPジャパン社長 | ハーバード大学ビジネススクール |
| 冨山和彦 | 産業再生機構COO | スタンフォード大学 |
| 堀　義人 | グロービス社長 | ハーバード大学ビジネススクール |
| 三木谷浩史 | 楽天社長 | ハーバード大学ビジネススクール |
| 茂木友三郎 | キッコーマン社長 | コロンビア大学ビジネススクール |
| 吉田忠裕 | YKK社長 | ノースウエスタン大学ケロッグスクール |

（2004年3月現在）

段ではなく、経営者として明確に差別化した戦略をうち、成功し続けるために一役かっているのである。

## 日本の主なMBA設置9校

### 国内のMBAスクール（五十音順）

- ● 青山学院大学大学院
- ※ ● 慶応大学ビジネススクール
- ● 神戸大学大学院経営学研究科
- ※ ● 国際大学（IUJ）
- ● 多摩大学大学院
- ● 筑波大学大学院
- ● 一橋大学大学院国際企業戦略研究科
- ● 法政大学大学院
- ※ ● 早稲田大学ビジネススクール

※ はGlobal Workplace構成校（詳細は左頁参照）
（日本支部:グローバルタスクフォース株式会社）

## MBA情報ポータル・公式団体

| 世界最大の主要ビジネススクール・公式MBAネットワーク | Global Workplace（グローバルタスクフォース） | www.global-taskforce.net（日本語）/<br>www.global-workplace.com（英語） | 世界35万人、日本人7500人の活発なMBA同窓生がメンバーの公式組織日本支部 |
|---|---|---|---|
| その他のMBA関連情報サイト | 日経Net『MBA&プロフェッショナルスクール』 | http://mba.nikkei.co.jp/ | 日経のMBAポータル |
| | 米ビジネスウィーク誌 | http://www.businessweek.com | 米国のビジネス誌によるMBAランキング |
| | 米USニュース&ワールドリポート誌 | http://www.usnews.com | |
| | 米ウォールストリートジャーナル紙 | http://www.wsj.com | 米国・英国の経済紙によるMBAランキング |
| | 英フィナンシャルタイムズ紙 | http://www.ft.com/ | |

# I イントロダクション

## MBAトップランキング

### ●米国MBAトップ30校
(出所:米ビジネスウィーク誌 2002年MBAランキング)

| 米国MBAランキング | | フィナンシャルタイムズ紙 世界ランキング |
|---|---|---|
| ※ 1 | Northwestern (Kellogg) | 9 |
| ※ 2 | Chicago | 5 |
| 3 | Harvard | 2 |
| ※ 4 | Stanford | 4 |
| ※ 5 | Pennsylvania (Wharton) | 1 |
| ※ 6 | MIT (Sloan) | 10 |
| ※ 7 | Columbia | 3 |
| ※ 8 | Michigan | 25 |
| ※ 9 | Duke (Fuqua) | 15 |
| ※10 | Dartmouth (Tuck) | 11 |
| ※11 | Cornell (Johnson) | 19 |
| ※12 | Virginia (Darden) | 14 |
| 13 | UC Berkeley (Haas) | 15 |
| ※14 | Yale | 12 |
| ※15 | NYU (Stern) | 8 |
| ※16 | UCLA (Anderson) | 20 |
| 17 | USC (Marshall) | 31 |
| ※18 | UNC (Kenan-Flagler) | 23 |
| ※19 | Carnegie Mellon | 23 |
| 20 | Indiana (Kelley) | 45 |
| 21 | Texas (McCombs) | 32 |
| ※22 | Emory (Goizueta) | 29 |
| 23 | Michigan State | 66 |
| ※24 | Washington (Olin) | 49 |
| 25 | Maryland (Smith) | 33 |
| 26 | Purdue (Krannert) | 47 |
| ※27 | Rochester (Simon) | 38 |
| ※28 | Vanderbilt (Owen) | 35 |
| 29 | Notre Dame (Mendoza) | 54 |
| ※30 | Georgetown (McDonough) | 17 |

### ●欧州MBAトップ20校
(出所:英Financial Times紙 2003年MBAランキング)

| 欧州MBAランキング | | | フィナンシャルタイムズ紙 世界ランキング |
|---|---|---|---|
| 1 | INSEAD | フランス | 6 |
| ※ 2 | London Business School | イギリス | 7 |
| ※ 3 | IMD | スイス | 13 |
| ※ 4 | IESE, University of Navarra | スペイン | 18 |
| ※ 5 | IE, Institute de Empresa | スペイン | 26 |
| ※ 6 | Rotterdam School of Management | オランダ | 28 |
| ※ 7 | University of Cambridge | イギリス | 30 |
| ※ 8 | Warwick Business School | イギリス | 34 |
| ※ 9 | University of Oxford | イギリス | 35 |
| ※10 | SDA Bocconi | イタリア | 43 |
| ※11 | Manchester Buisness School | イギリス | 44 |
| ※12 | Cranfield School of Management | イギリス | 54 |
| ※13 | HEC School of Managemet | フランス | 62 |
| 14 | City University BusinessSchool | イギリス | 68 |
| 15 | Edinburgh University | イギリス | 73 |
| ※15 | Universiteit Nyenrode | オランダ | 73 |
| ※17 | Imperial College | イギリス | 78 |
| ※17 | Helsinki school of Economics | フィンランド | 78 |
| 19 | EAP | フランス | 82 |
| ※20 | ESADE | スペイン | 83 |

※ はGlobal Workplace構成校
(日本法人:グローバルタスクフォース株式会社)

Global Workplaceは、世界18カ国のトップ経営大学院が共同で運営する世界最大の公式MBA同窓生ネットワーク。日本支部(グローバルタスクフォース)では、毎月第1金曜日の早朝に開催されるパワーブレックファースト・ミーティングや年2回開催の大規模合同交流会(MBAを中心にビジネスリーダー300人が参加)などのコミュニティ運営をはじめとして、キャリア支援、コンサルティングプロジェクトの主催を行なっている (www.global-taskforce.net)

## ② Ⅱ 戦略

# 戦略なくして勝利なし
## ——戦略の構造

本書では経営戦略の定義を、「企業が継続的に優位性を維持し、収益をあげ続けるための基本的枠組み」としたい。この経営戦略は全社戦略（企業戦略）と事業部単位の事業戦略の2つのレベルに分けられる。

これらの戦略は、その時々の環境に合わせて柔軟に対応する必要があるが、何か指針とするものがないと、戦略のブレ幅が大きくなりすぎ、社員も顧客もパートナーも混乱する。また事業戦略もそれを実行するためには、具体的な部門ごとの戦略にまで落としこむ必要がある。

これらの戦略をとりまく事項は、基本的には**ビジョン・全社戦略・事業戦略・部門戦略**という構造でできている。それぞれ作り方はトップダウン型、ボトムアップ型、その循環型などあるが、どんなプロセスを経るにせよ、**一貫性のとれていることが最重要**である。

経営理念・ビジョンとは、そもそもその企業が何のために存在するのか、会社全体と社員一人一人が何を最終的な目標として考え、どう行動すべきかを示した

## Ⅱ 戦略

もの。一度作成したならば絶対変更できないわけではないが、基本線は相当の年月を経ても(言い回しに若干の変更を加えたとしても)変わらないことが多い。

全社戦略は複数の事業を傘下にもつ企業が、全社的な資源配分を最も効果的・効率的に配分するための方針である。全社戦略には、企業がどの事業領域(事業ドメイン)で戦い、どのような事業の組み合わせ(事業ポートフォリオ)をもち、それらの事業間でどのような資源配分をするか選定することが含まれる。

個別の事業戦略は、全社戦略に比べてある程度限定された競争環境下で、いかに継続的に勝ち続けていくかの方針である。事業戦略レベルでは、ターゲットと

なる顧客も、競合相手もかなり明確になってくることが多いので、後述の"5つの力分析"(28ページ)などを適用して具体的な戦略を立ててゆくことになる。

この戦略を分解して、営業、開発、生産など特定の切り口でつくる戦略が部門戦略であり、さらに具体性を増していく。

ややピラミッド的に感じるので、このビジョン・全社戦略・事業戦略・部門戦略の構造がトップダウン型のプロセスに見えるかもしれない。確かに、トップダウンでなされることは多いが、往々にしてトップダウンで完結した戦略は実行面で問題が出ることが多い。

そこで、全体に整合性があり、かつ実行可能性も高い戦略を作るにはボトムア

ップとの循環構造的プロセスが必要となる。

📖 循環構造的プロセス
トップダウンの概括的な案を実行部門が議論し、それを反映させた戦略をさらにトップダウンで議論するというキャッチボールをしながら戦略を作成すること。

ここで留意しなくはいけないのは、こうしてキャッチボールをしていくうちに、最初はとんがっていた戦略が、いつしか他社と変わりばえのしない優等生的戦略になること。それを避けるために、最初にその戦略を提案した意図(最終的な目的)を明示しておき、議論の途中で

あっても常にそこに立ち戻ることである。

【ソニーの戦略】
全社戦略では経営資源を集中させる事業ドメインを特定することが重要だが、ソニーは明確にブロードバンド事業に経営資源を集中させようとしている。
全社戦略のポイントは、選択した事業分野において競争優位に立つこと、既得資源の有効配分を行なうことであるが、ソニーはブロードバンド分野での競争優位を確立するために、コアセクター間(ELECTRONICS, GAME, CONTENTの3つ)を、NETWORK APPLICATIONとCONTENT SERVICEで結ぼうという方針を明確に打ち出している。

## II 戦略

### ソニーのビジョン・企業戦略・事業戦略構造

〈総売上げ7兆円を超える大企業が見事な統一感を持って語られている〉

#### 企業理念/ビジョン

- ソニーは個人およびその個人が属するコミュニティが夢や想像を実現し、お互いに共有できる環境を提供します。
- ソニーはブロードバンド時代のグローバルメディア&テクノロジーカンパニーとしてNO.1になることを目指します。

**ブロードバンドをキーワードに統一**

#### 経営戦略

1. コアセクターの競争力を強化、各セクターの経済的価値、ブランド資産両方の向上に努める
2. コアセクターの戦略的連携を促進する
3. オープンかつユーザーの視点にたった環境構築に目を向け、ソフトアライアンスを推進する

**ソニーの各端末とネットワークを融合**

#### ソニー・コンピュータ・エンターテイメントの事業戦略

- ブロードバンド戦略
  +ネットワークとの融合→ホームサーバーへの進化
- 半導体投資

### 各部門戦略へ…

（ソニーのHPより〈2002年〉）

# ③ 何のための会社なのか
## ── 経営理念と事業の定義

Ⅱ 戦略

経営理念（企業理念）とは、企業の存在意義や使命（ミッション）といった、企業の基本的な目標、価値観、行動原則などを明文化したものである。

経営理念によって初めて経営陣と社員、その他利害関係者（ステークホルダー）の間で目標、価値観、考え方を共有し、共通の目標に向かって一丸となることが可能になる。

経営理念は、ビジョン（未来展望）やミッション（使命）と同等の言葉として使われることが多い。明確に区別することとは困難だが、いずれも組織の基本行動を定義する点では共通している。

経営理念やミッションの時間軸は、基本的には組織の存続している期間が想定されており、組織にとって普遍的なものと位置づけられる。ゆえに、ビジョンによって将来のある特定の時点における目標を示すこともできる。

もちろん経営理念は絶対に変更不可能なわけではないが、そう頻繁に基本軸を変えるものではない。また、その普遍性ゆえに、必ずしも経営理念が具体策であ

## II 戦略

る必要もない。前述のように、より具体的な経営の方策を示すものとして経営戦略、事業戦略、部門戦略などがある。単なる念仏とあなどるなかれ。魂のこもったものは企業の競争力に直結する。

たとえば、松下幸之助氏は創業期に、有名な「水道哲学」を掲げ、「物質的豊富さが人間を幸福にする。産業人の真の使命は物質を水のように無尽蔵に、水道の水のように安価にすることである」と説いた。この基本理念を研修を通じて徹底的に役職員の内面に落としこみ、経営が困難な時に立ち返る原点とした。

また、ソニーの井深大氏は設立趣意書において、「技術に喜びを感じる職場作りと日本再建、文化向上を期し国民生活

に資する」ことを掲げた。儲け主義を廃して、技術上の困難はむしろ歓迎と高級技術志向を打ち出し、実力主義、人格尊重を経営方針とした。

本田宗一郎氏が定めた社是は、「世界的視野に立ち顧客の要請に応えて性能の優れた廉価な製品を生産する」であった。

こう見ると、創業時の理念が現在も脈脈と流れていることがわかる。

【製品志向と市場志向】

普遍性を持たせるためには経営理念は必ずしも具体的でなくともよいと前述したが、その事業ドメインの定義に関してはある程度の具体性も必要である。

たとえば「お客さまの要求する全ての

製品を、最高級品質で、最低価格で提供する」といわれても、それを実現する方法論の裏付けがなければ意味がない。事業の定義に関してはある程度具体的にしておく必要がある。

事業の定義にあたっては、大きく二つの考えがある。一つは**製品志向**であり、もう一つは**市場志向**である。

製品志向は自社が作る製品を規定するもので、「パソコン市場で」や「半導体製造において」という表現となろう。

市場志向は顧客がその商品を購入する定義から考えるもので、化粧品会社であれば「女性の美しさに貢献する」という表現などが考えられよう。

### 代表的成長企業の企業理念・モットー

| | |
|---|---|
| 楽天 | 消費者がインターネットを通じ、楽しみながら安心してショッピング |
| エイチ・アイ・エス | 海外旅行をできるだけリーズナブルに、できるだけ自由に |
| サイゼリヤ | イタリア料理を通して生活の豊かさを提案する |
| サンマルク | 顧客が気づいていない満足度を創造する会社を目指す |
| ワタミフードサービス | 豊かで楽しいもうひとつの食卓を提供する |

出所:内田学『MBAエッセンシャルズ』より

# II 戦略

## 製品志向と市場志向の事業定義の違い

| 企業 | 製品志向の定義 | 市場志向の定義 |
|---|---|---|
| レブロン | 我々は化粧品を製造する。 | 我々はライフスタイルと自己表現、成功や地位、思い出、希望、そして夢を売る。 |
| ディズニー | 我々はテーマパークを経営する。 | 我々はファンタジーとエンターテインメント、つまりアメリカらしさを残した場所を提供する。 |
| ウォルマート | 我々はディスカウント・ストアを経営する。 | 我々はアメリカ中西部の人々に価値を届ける製品やサービスを提供する。 |
| ゼロックス | 我々は複写機、ファクシミリ、および他の事務用機器を製造する。 | 我々は文書の読み取り、保管、再生、訂正、配布、印刷、および出版を支援し、企業の生産性を高める。 |
| OM・スコット | 我々は芝の種と化学肥料を販売する。 | 我々は青々として、健康的な庭を届ける。 |
| ホーム・デポ | 我々は工具や家庭用の修繕・改装用品を販売する。 | 我々は不器用な自宅所有者が自分で修理できるように助言やソリューションを提供する。 |

出所:P.Kotler他著、恩蔵直人監修『コトラーのマーケティング入門』より

# 4 限られた資源をどう使うのか
## ——プロダクト・ポートフォリオ・マネジメント（PPM）

Ⅱ 戦略

多くの事業部を傘下にもつ企業は、個別の事業戦略のみでなく、全社的に見て最適な資源配分がなされているかを見る必要がある。

複数事業部間の最適資源配分を考える際の有力なツールとして、ボストン・コンサルティング・グループ（BCG）のプロダクト・ポートフォリオ・マネジメント（PPM）がある。

このPPMは「企業は限られた資金・資産を有効に活用するために、資金を生み出す事業と、資金を投入しなくてはいけない事業を区別し、それらをバランスよく組み合わせなくてはならない」という考えの下に作られ、その前提は、

① どのような市場も時とともに成長が鈍化する。
② 成長性の高い事業は資金投入が必要である。
③ マーケットシェアの高い企業のほうが高収益をあげ、資金を生み出すチャンスが大きい。

の3点である。PPMでは①成長性の高い事業か？ ②相対的にマーケットシ

エアが高い事業か？の二点で自社の事業を4つ（花形商品、金のなる木、問題児、負け犬）に区分する（22ページの図）。

「**花形商品**」とは成長期にある高マーケットシェア事業である。この商品は利益は出るかもしれないが、成長期にあるため投資も必要となり、フリー・キャッシュフローは少ない可能性がある。

市場の成長が鈍化すると高シェア商品はあまり追加投資の必要がなくなり、フリー・キャッシュフローが大きくなる。これが「**金のなる木**」。英語ではCash Cow（資金を搾り出せる牛）という。

「**問題児**」とは成長期にある市場においてシェアが低い事業のこと。市場が成長している間にシェアを高めないと見込みしているシェアを分散しているように見える。

がないというPPMの議論からすると、さらなる資金追加をしてシェアを高めるべきか否かは重要な意思決定となる。

「問題児」がシェアを高められずに、そのまま市場の成長率が下がってしまうと「**負け犬**」となる。これは見込みがないので理論上は撤退すべきとなる。

## 【キヤノンのPPM】

2001年度のグループ総売上が2兆9075億円にもなるキヤノンだが、1975年当時（23ページの図上段）は既存事業のカメラ以外に多角化をはかったが、どの事業も問題児になっている。電卓、コピー機などまだどれも弱く、資金を分散しているように見える。

このポートフォリオの悪化は財務成績にも現れ、75年にキヤノンは無配転落になったという。

こうした状況下では、むやみな資源分散を避け、資源を集中させ花形商品を作ることにより、資金源と必要投資のバランスをとることが重要となる。

20年後の95年のキヤノンのPPMを見てみると、金のなる木（小型ページプリンタ）と、花形商品（インクジェットプリンタ）のバランスのとれたポートフォリオとなっている。

直近ではいくつかある負け犬事業の扱いが課題になってくるが、インクジェット以外に成長市場の商品がないことも今後の課題となることが予想される。

## PPMの概念図

### BCGプロダクト・ポートフォリオ・マネジメント（概念図）

| 市場成長率 | 高相対市場シェア | 低相対市場シェア |
|---|---|---|
| 高 | 花形商品 Star | 問題児 Question Mark |
| 低 | 金のなる木 Cash Cow | 負け犬 Dog |

## Ⅱ 戦略

## キヤノンの事例

### キヤノンの事業ポートフォリオ（1975年）

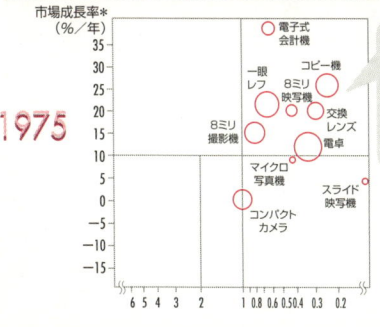

注1）円の面積は売上高の大きさに比例。（売上高がA事業20億円、B事業10億円の場合、Aの円の半径とBの円の半径は2：1.4）

*71〜75年

出所：矢野経済研究所『日本マーケットシェア事典』(1976)

### キヤノンの事業ポートフォリオ（1995年）

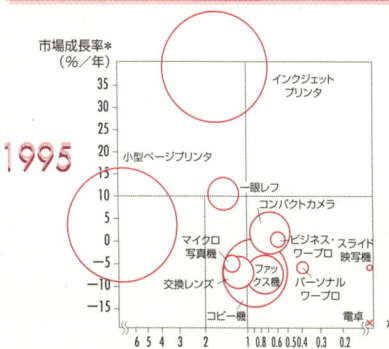

*91〜95年
（カメラは93〜95年台数ベース、コンパクト1台1.5万円、一眼レフ3.5万円で計算、プリンタは93〜95年、パーソナルワープロ1台2万円、ビジネスワープロ1台15万円で計算）

出所：矢野経済研究所『日本マーケットシェア事典』(1996)

注2）これらのグラフは矢野経済研究所の『日本マーケットシェア事典』のデータに基づき描いた。年によって、同社が集計の対象としていない製品の漏れ、データソースや定義の変更などがある。データの多くは通産省統計の国内生産（メーカー出し値ベース）に基づいており、したがって日本企業が世界のほとんどを占めているような製品ではほぼ世界シェアを表す。またコピー機などでは一時国内販売シェアが用いられたため、国内生産ベースでシェアを算定した時期と比べ、売上げが急減してみえる期間がある。（出所：相葉宏二『MBAの経営』）

## II 戦略

# 5 まずは自分の会社の外側を見てみよう
――環境分析(外部)

具体的な戦略を策定するためには、経営資源など内部環境とマクロ環境やミクロ環境といった外部環境を分析して把握することが必要となる。

外部環境では主に以下のポイントで分析をすすめる。

【マクロ環境】
- 政治(財政・金融政策、産業政策、外交政策、環境政策、教育政策)
- 経済(GDP成長、物価動向、生産・投資動向、消費動向、労働市場動向、産業構造、金融市場動向、海外経済動向)
- 文化・社会(流行・価値観、生活様式、人口構造)
- 技術(技術革新、技術動向)

【ミクロ環境】
- 業界構造(業界規模、成長性、業界構造、顧客動向、業界規制動向)
- 競争環境(業界シェア、競争企業、新規参入企業)
- 製品動向(主要製品の動向、新製品開発動向、代替製品、生産性、特許・技術動向)

**Ⅱ 戦略**

## ホンダが中国戦略を考えるにあたっての外部分析 ①

### マクロの分析

- **政　　治**：中国のWTO加盟による資本主義化
- **経　　済**：GDPの2ケタ成長、欧米型資本主義の導入
- **文化・社会**：急速な高所得者層の増大、自動車・2輪車市場の成長

### 急伸する中国自動車市場

出所：『中国経済改革と自動車産業』(昭和堂)などより

## 業界の分析

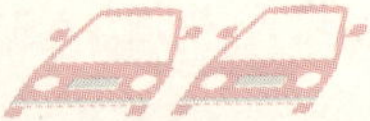

**業界構造**：中国における生産力（規模）の増大と技術の向上

**驚異的伸びを示す中国2輪生産**

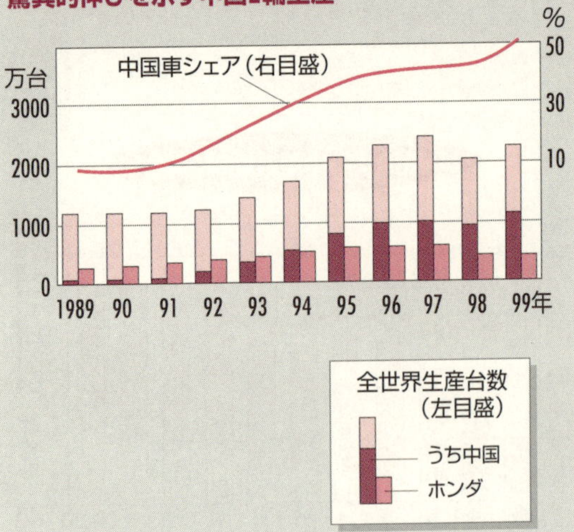

%
50
30
10
中国車シェア（右目盛）
万台
3000
2000
1000
0
1989
90
91
92
93
94
95
96
97
98
99年
全世界生産台数
（左目盛）
うち中国
ホンダ


出所：ホンダ資料

## Ⅱ 戦略

### ホンダが中国戦略を考えるにあたっての外部分析 ②

**競争環境**：競合メーカーの相次ぐ中国進出

## 中国を舞台にした大競争時代が始まった

●中国への進出状況一覧

| 社名 | 提携外資 | 車種 |
|---|---|---|
| 上海 | フォルクスワーゲン、GM | サンタナ、ビュイック |
| 一汽 | フォルクスワーゲン | ジェッタ、アウディ |
| 神龍 | プジョー・シトロエン | シトロエン |
| 天津 | ダイハツ | シャレード |
| 北京 | ダイムラークライスラー | チェロキー |
| 広州 | ホンダ | アコード |
| 長安 | スズキ | アルト |
| 貴洲 | 富士重 | レックス |

第一汽車【大】
(フォルクスワーゲン)

北京吉普汽車【小】
(ダイムラークライスラー)

天津市微型汽車【小】
(ダイハツ)

東風(神龍)汽車【大】
(プジョー・シトロエン)

上海大衆汽車【大】
(フォルクスワーゲン、GM)

国営長安機器【微】
(スズキ)

貴洲航空【微】
(富士重工業)

広州ホンダ【小】
(ホンダ)

出所:週刊東洋経済(01/12/15)

**Point**

これらの分析を通じて、規模も大きく成長率も高い中国が、マーケットとして非常に魅力的であることがまず見えてくる。次に、2輪の生産の伸びから、生産基地としても着実に地力をつけてきていること、また自動車業界の競合他社が続々と参入しており、様子見している余裕などないことがうかがえる。もちろん今後の戦略方針によっては、他社と同じことをしてもつまらないので、他社が続々と参入している中国での生産はしない、という選択もあり得る。いずれにしても、そうした意思決定をする材料として、こうした外部分析が必要となってくる。

# 6 ねらっている市場は本当に魅力的か
## ──5つの力分析

**II 戦略**

外部環境分析において業界分析をより有効なものとする手段として、ハーバード大学のマイケル・ポーター教授は次の5つの競争要因分析を提案している。

① 新規参入の脅威
② 業界内の競争業者の敵対関係の強さ
③ 代替品の脅威
④ 買い手交渉力
⑤ 売り手(供給業者)交渉力

この5つの競争要因が業界の投資収益率、さらに業界の魅力を決定するとしている。シンプルだが、これらを順に見ていくと、業界の収益構造の特徴や、競争のキーポイントを発見したり、将来の競争の変化を予測することができる。

しかし、それ以上に業界の魅力や業界内の競争的地位は絶えず変化するものだという認識をもつことが重要である。

したがって5つの力分析は一度作って終わりではない。現状認識をベースに5つの力分析を行ない、戦略を立てたならば、自社がその戦略を実施した場合、5つの力がどう変化するかを予測し、将来の分析を行なっておく必要もある。

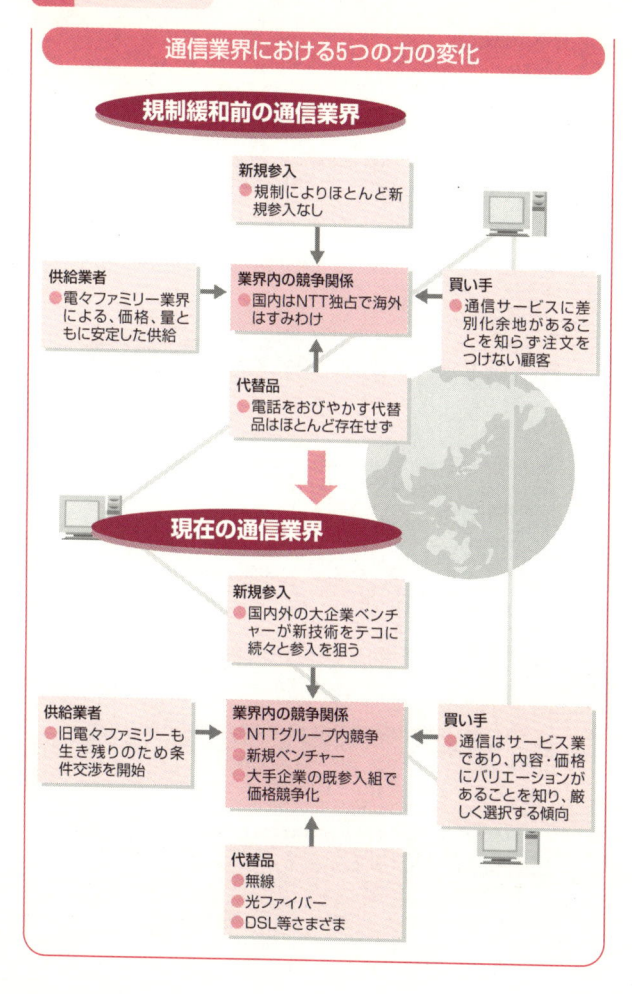

## II 戦略

### 通信業界における5つの力の変化

#### 規制緩和前の通信業界

**新規参入**
- 規制によりほとんど新規参入なし

**供給業者**
- 電々ファミリー業界による、価格、量ともに安定した供給

**業界内の競争関係**
- 国内はNTT独占で海外はすみわけ

**買い手**
- 通信サービスに差別化余地があることを知らず注文をつけない顧客

**代替品**
- 電話をおびやかす代替品はほとんど存在せず

#### 現在の通信業界

**新規参入**
- 国内外の大企業ベンチャーが新技術をテコに続々と参入を狙う

**供給業者**
- 旧電々ファミリーも生き残りのため条件交渉を開始

**業界内の競争関係**
- NTTグループ内競争
- 新規ベンチャー
- 大手企業の既参入組で価格競争化

**買い手**
- 通信はサービス業であり、内容・価格にバリエーションがあることを知り、厳しく選択する傾向

**代替品**
- 無線
- 光ファイバー
- DSL等さまざま

## 1 新規参入の脅威

**新規参入の脅威**：新規参入の脅威は、参入障壁がどれくらいあるか、参入業者に対して既存業者がどれくらいの反撃を起こすと予想されるかによって決まる。参入障壁の強さは以下のチェックポイントで確認する。

- 業界内に規模の経済性（一定期間における絶対的生産量が増えるほど一製品当りの生産コストは低下する）が働いているか?
- 既存企業の製品が差別化されているか?
- 企業のブランドが構築されているか?
- 巨額の投資が必要か?
- 既存企業の顧客が取引先を変えるのにコストがかかるか?
- 流通チャネル（販売網）の確保が必要か?
- 既存企業にコスト面での優位性があるか?
- 参入に対する政府の規制があるか?

上記の質問が正しい場合、業界の参入障壁は高いことになる。参入障壁が高い場合、または、参入業者が既存業者からの強い反発を予想する場合、業界における新規参入の脅威は低いことになる。

## 2 業界内の競争関係

**業界内の競争関係**：業界内の競争関係は、以下のポイントで確認できる。

- 同業社数が多く、同規模の会社が多いか?
- 業界の成長が遅いか?
- 固定コストが高い、または、在庫コストが高いか?
- 製品が差別化されているか?
- 買い手が取引先を替えてもコストがかからないか?
- 生産量を小幅に増やす時、過剰キャパシティーの状態になるか?
- 競争業者の戦略は多様であるか?
- 戦略が良ければ成果が大きいか?
- 撤退障壁が大きいか?

上記の質問が正しい場合、業界内の競争業者の敵対関係が強いことになる。

## 3 代替品の脅威

**代替品の脅威**：現在の商品よりも優れた代替物に取って代わられるのは長期的には最大の脅威かもしれない（ランプが電球に取って代わられた結果、趣味の世界でしか存在できなくなったように）。以下のポイントで確認する。

- 代替品が、ある製品に対して価格対性能が良くなるものであるか?
- 代替品が、高収益を上げている業界によって生産されているか?

上記の質問が正しい場合、代替品の脅威は高いと言える。代替品が他業界によって供給されているのであれば、代替品に対抗する業界は企業連合として代替品を供給する業界に対抗していかなければならない。業界内企業は、品質の改善、広告・マーケティング活動、製品用途の拡大など共同活動によって、代替製品供給業界に対抗することができる。代替製品に対する対処策として、①迎え撃ち叩きつぶすという断固とした戦略、②避けられない強敵として対処する戦略がある。

30

# 5つの力分析の使い方とチェックポイント

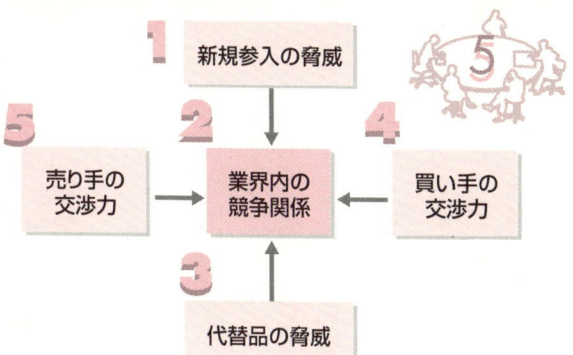

## 5

**売り手の交渉力**：売り手（供給業者）は値上げや低品質化などによって買い手に対して交渉力を行使する。買い手がコストの増加を自社製品やサービスの値上げで補えない場合、売り手の交渉力は大きな脅威となる。以下は売り手の交渉力のチェックポイント。

- 売り手の業界が少数の有力企業からなり、買い手の業界よりも集約的か？
- 買い手の業界が売り手グループにとって重要顧客ではないか？
- 供給業者の製品が買い手の事業にとって重要な仕入品か？
- 供給業者の製品が差別化されていて、他の製品に替えると買い手のコストが増加するか？
- 供給業者が買い手の事業に進出する意図があるか？

　上記の質問が正しければ売り手の交渉力は強いことになる。また、労働力も一種の"売り手"と考えられる。上記のようなポイントに加えて、労働力の組織化の度合いや労働力の供給が増やせるかどうかという点も、売り手の交渉力を決める要因になる。

## 4

**買い手の交渉力**：買い手は値下げを要求したり、より良い品質やサービスを求めたり業界内の競争関係に影響を与える。買い手の交渉力は以下のポイントでチェックできる。

- 買い手が集中化していて大量購入するか？
- 買い手が購入する製品・サービスが、買い手のコストや購入物全体に占める割合が大きいか？
- 買い手が購入するのは標準品や差別化されていないものか？
- 買い手が取引先を替えるコストが安いか？
- 買い手が売り手の事業に進出する意図があるか？
- 買い手の購買物が買い手の製品やサービスの品質にほとんど関係ないか？
- 買い手が十分な情報を持っているか？
- 消費者の購入決定に影響力を行使できるか？（卸売業者、小売業者の場合）

　上記の質問が正しい場合、買い手の交渉力は強いことになる。売り手は買い手を選択することで買い手の交渉力に対抗していくことができる。

## Ⅱ 戦略

# ⑦ 自社内にある競争優位の源泉は？
## ——内部分析：バリューチェーン（価値連鎖）

前項では、まず外部分析により魅力的な市場を探すという戦略アプローチを見たが、ここでは内部分析により自社の競争力の源泉を探るツールとして、マイケル・ポーター教授の提案した**価値連鎖（バリューチェーン）** を紹介したい。

価値連鎖とは製品またはサービスが最終顧客に届くまでの付加価値の連鎖をさし、自社内のこの付加価値プロセスを個別に見てゆくことで、どこが他社と比べて優れているか（競争優位の源泉）または劣っているかが明らかになってくる。

価値連鎖はその事業が作る付加価値の全てを表し、それにマージン（利益）がってくる。価値を作る活動には主活動と支援活動があり、要素は左図のとおり。

ただし何を主活動とし何を支援活動とするか、また活動の順番などは事業によって多少のばらつきがあることは意識したい。また、この価値連鎖は企業全体よりも、事業ごとに定義すべきであろう。

トヨタの価値連鎖を見ると、プロセスの一つ一つが競争力の源泉となり、かつ全体が見事に調和している。

## II 戦略

### バリューチェーン（価値連鎖）

企業の競争優位を見るためには、それぞれの主活動がどれくらいの付加価値を生んでいるかを分析する必要がある。

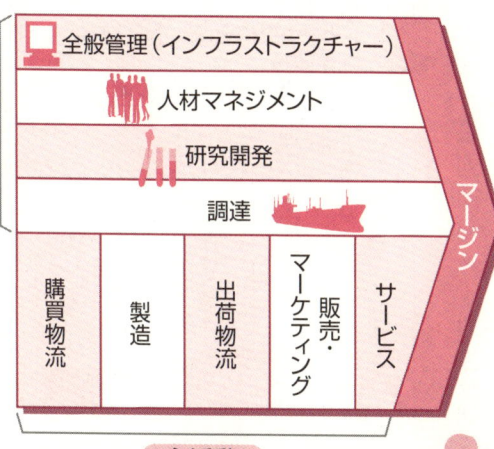

それぞれの主活動が生む付加価値が、最終的に顧客まで届いていく連鎖をバリューチェーンという。

出所:M・E・ポーター『競争優位の戦略』より作成

## トヨタ自動車のバリューチェーン

インフラ：
日本トップクラスのITシステム

研究開発：
トヨタ中央研究所を中心とした
開発体制
（2002年で5925億円の研究開発費）

人的資源：
豊田市を中心とした"トヨタイズム"

系列部品メーカー群

購買／在庫 ｜ 生産 ｜ 保管と流通 ｜ セールス／マーケティング ｜ ディーラーサポート／カスタマーサービス

**カンバン方式**
「必要な物を必要な時、必要なだけつくる」という理念のもと、在庫をできるだけ持たない効率的な生産方式

系列ディーラー

GAZOO等のオンラインチャネル

マージン

デンソー、アイシン精機、東海理化など

# 8 強さと弱さを冷静に見きわめる
## ——SWOT分析

### Ⅱ 戦略

これまで見てきた外部分析による市場機会の見きわめ、内部分析による自社の強み・弱みの見きわめを総称してSWOT分析という。

SWOT分析は議論するプロセスにこそ意味がある。

📖 **SWOT分析**
内部環境分析によって導かれた強み(Strength)と弱み(Weakness)、外部環境分析によって導かれた脅威(Threat)と機会(Opportunity)の分析をそれぞれの頭文字をとってSWOT分析と呼ぶ。SWOT分析は経営環境の把握と戦略の策定のために非常に有効な手法である。

まずはたたき台として、思いつく全ての項目をSWOTの軸で書きだし、その各項目が本当に強み・弱みか、なぜそうなのか、どうしたら弱みを強みにできるか、本当に強みとして挙げられている項目は妥当か、などを議論することが肝要である。

自社の強みと機会が重なるものが「最大の機会」、自社の弱みと脅威が重なるものが「最大の脅威」となる。

外部環境を的確にとらえて、自社の強みを活かし、弱みをカバーする戦略をたてることが望まれる。

ソフトバンク Yahoo!BB

|  | プラス面 | マイナス面 |
|---|---|---|
| 内部環境 | **強み**<br>●Yahoo!の認知度<br>●何かするだろうという期待感<br>●スピード感 | **弱み**<br>●オペレーションの信頼性の低さ<br>●財務基盤 |
| 外部環境 | **機会**<br>●IP化の流れ<br>●音声、データ通信需要の伸び | **脅威**<br>●さらに効率のよいIP技術の参入<br>●光ファイバー化<br>●他のキャリアによる包囲網 |

本当に脅威になっているのか？

## II 戦略

▶ SWOT分析による戦略

|  | 機会（Opportunity） | 脅威（Threat） |
|---|---|---|
| 強み<br>(Strength) | 1 自社の強みを使って優位に進められる事業は何か？（最大の機会） | 2 自社の強みで脅威に打ち勝つ方法はないか？ 他社には脅威でも自社の強みで脅威を機会に変えられないか？ |
| 弱み<br>(Weakness) | 3 自社の弱みを改善して機会を取り込むことはできないか？ | 4 最悪の事態を回避する方法は何か？（最大の脅威） |

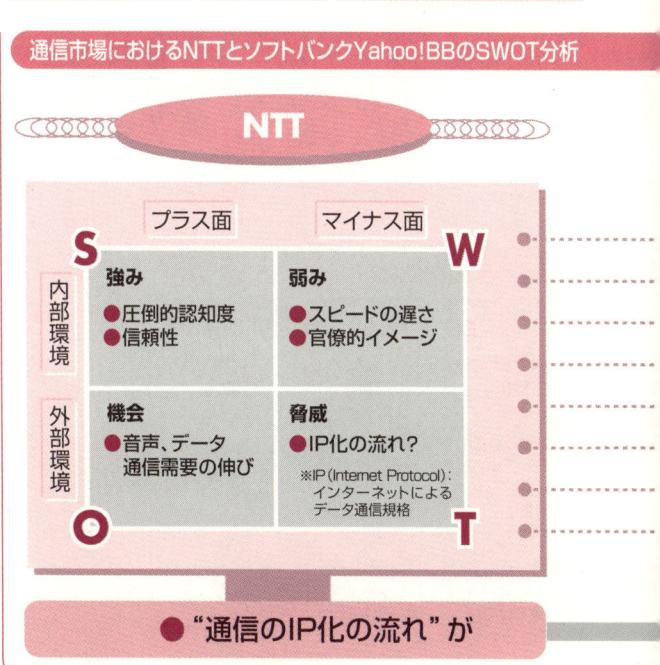

### 通信市場におけるNTTとソフトバンクYahoo!BBのSWOT分析

**NTT**

|  | プラス面 | マイナス面 |
|---|---|---|
| 内部環境 | **強み**<br>● 圧倒的認知度<br>● 信頼性 | **弱み**<br>● スピードの遅さ<br>● 官僚的イメージ |
| 外部環境 | **機会**<br>● 音声、データ通信需要の伸び | **脅威**<br>● IP化の流れ？<br>※IP (Internet Protocol)：インターネットによるデータ通信規格 |

● "通信のIP化の流れ" が

## 9 差別化と集中でトップをねらえ
### ——ポーターの3つの戦略

**II 戦略**

ここまで外部環境・内部環境分析や5つの競争要因分析による戦略分析の手法とSWOT分析による基本的な戦略策定の手法を紹介してきた。

ここではマイケル・ポーターによる3つの基本戦略を紹介しよう。

### 3つの基本戦略
① コストリーダーシップ
② 差別化
③ 集中

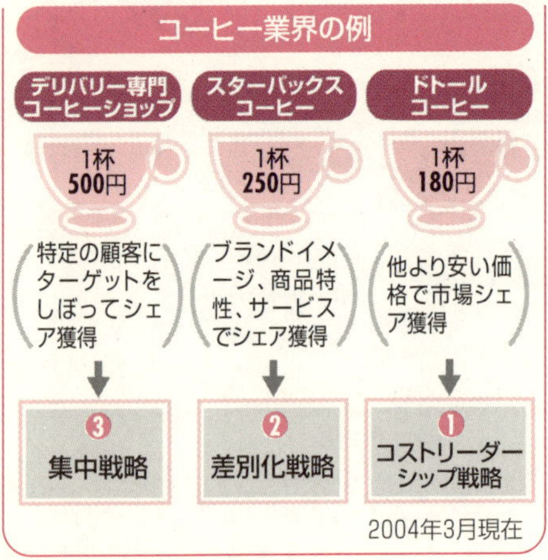

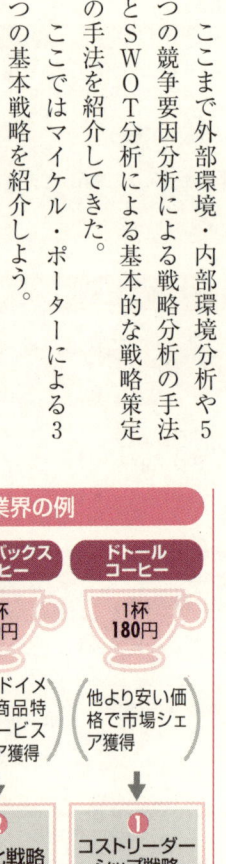

### コーヒー業界の例

| デリバリー専門コーヒーショップ | スターバックスコーヒー | ドトールコーヒー |
|---|---|---|
| 1杯 **500円** | 1杯 **250円** | 1杯 **180円** |
| 特定の顧客にターゲットをしぼってシェア獲得 | ブランドイメージ、商品特性、サービスでシェア獲得 | 他より安い価格で市場シェア獲得 |
| ❸ 集中戦略 | ❷ 差別化戦略 | ❶ コストリーダーシップ戦略 |

2004年3月現在

## Ⅱ 戦略

### ①コストリーダーシップ

コストリーダーシップ戦略とは、他社よりも安い価格で製品やサービスを提供すること。例としてドトールコーヒーがあげられる。原価1杯約100円のコーヒーを他店が250円のところ、ドトールコーヒーは180円で売っている。

コストリーダーシップ戦略をとるためには、多額の初期投資、攻撃的な価格政策、市場シェア獲得のための初期の赤字に対する覚悟が必要になる。

高い市場シェアを確保できると大量仕入れができ、さらにコストを削減することができるようになる。

低コストを実現できると利益率が高くなり、蓄積される利益によって新しい設備に再投資してさらにコストリーダーシップを維持することができる。

### ②差別化

差別化戦略とは、業界内で特殊だと思われるような何かを創造しようとする戦略である。差別化の種類としては、商品設計やブランドイメージの差別化、技術の差別化、商品特徴の差別化、顧客サービスの差別化、流通ネットワークの差別化などがある。理想としては、複数の面で差別化することだ。

前述のコーヒーチェーン業界では、スターバックスコーヒーが差別化戦略の例としてあげられる。スターバックスコーヒーは、業界の平均的な価格より高いコ

ーヒー1杯250円で売っているが、ブランドイメージ、商品特性、顧客サービス等で他社との差別化に成功している。

差別化に成功した企業は、顧客からブランドへの忠実性を獲得できる。また、顧客が価格に敏感でなくなるため、他社に対して参入障壁を築くことにもなる。

こうして差別化の成功は、業界で平均以上の収益を約束してくれる。

一方、差別化が極端になると、一部の特定市場だけを対象にしなければならなくなることもあり、市場シェアの確保が難しくなることもある。

### ③ 集中

集中戦略とは、特定の買い手グループ、商品、地域などに経営資源を集中する戦略である。

コストリーダーシップ戦略や差別化戦略が広いターゲットを狙っているのに対して、集中戦略は特定のターゲットを重点的に狙う目的で策定される。

業界平均よりも高い1杯500円のコーヒーをビジネスマンなどを対象にデリバリーする店や駅のコーヒースタンドなどが集中戦略の例としてあげられる。

この集中戦略では代替品の攻勢に対して一番確実なターゲット、同業他社の一番弱いターゲットを狙うことができる。

ただし集中戦略は、収益性と売上高との兼ね合いから、達成可能な全般的市場シェアが制約を受けることにもなる。

## II 戦略

### 自動車業界での3つの戦略類型

**〈競争優位のタイプ〉**

|  | 他社より低いコスト | 顧客が認める特異性 |
|---|---|---|
| **広い（業界全体）** | **コストリーダーシップ**<br>●トヨタ：カンバン方式と規模の経済により low cost operation を実現 | **差別化**<br>●ホンダ：独特のスタイルを持ちながら広い年齢層に受け入れられる |
| **狭い（特定分野）** | **差別化・コストリーダーシップ**<br>●スズキ：軽自動車販売No.1のポジションでバリューフォーマネー価値No.1。 | **差別化・集中**<br>●BMW、メルセデス：高所得層をターゲットに独自のスタイルブランドを築く。 |

〈戦略ターゲットの幅〉

下段は**集中戦略**

## II 戦略

# ⑩ 攻撃か防御かを見きわめよう
―― 競争地位４つの類型

フィリップ・コトラーは、企業の役割の違いから競争ポジションを類型化している。すなわちマーケットシェア順に、

| 1 | リーダー (Leader) |
| 2 | チャレンジャー (Challenger) |
| 3 | フォロワー (Follower) |
| 4 | ニッチャー (Nicher) |

である。これらの４つの類型ごとにマーケティングの課題と戦略を紹介しよう。

①リーダー

マーケットリーダーは、最大のマーケットシェアを持っている企業である。一般に価格変更、新製品導入、流通網確保、販売促進などにおいて市場をリードする立場にある。競争業者にとっては、目標、挑戦相手、模倣する手本、正面からの競争を避ける相手となる。

リーダーの目的は、リーダーの地位を維持することである。具体的には次の３つの方策がある。

A・総市場規模の拡大

# II 戦略

- 市場浸透戦略、新市場開拓戦略、地域的拡大戦略によって新規ユーザーをつくり出す
- 定期的マーケティングリサーチにより新しい用途を発見して、広める
- 使用頻度と使用量の増大

B. マーケットシェアの維持
- 競争相手からの攻撃に備えて既存事業の防御に留意する
- 防御方法として、陣地防御、側面防御、先制防御、反抗防御、移動防御、縮小防御などがある

C. マーケットシェアの拡大
- マーケットシェアを拡大することで、収益率を向上させる

② **チャレンジャー**

チャレンジャーは、業界で2位、3位の企業である。リーダー企業より規模は小さくても、かなりの大企業といえる。チャレンジャーの目的は、収益性を高めるためのマーケットシェアの拡大である。具体的には次の3つの方策がある。

A. リーダーを攻撃

B. 力の劣る同規模企業を攻撃

C. 中小の地方企業を攻撃

攻撃対象と目標が決まったら攻撃戦略を選定する。攻撃戦略としては、正面攻撃、側面攻撃、包囲攻撃、迂回攻撃、ゲリラ攻撃などがある。

③ フォロワー

イノベーター企業は、新製品開発、流通、情報提供、消費者教育など相当な支出を負担する見返りに、市場でのリーダーシップを獲得している。そこに別の企業が、新製品を模倣、または改良して市場に参入すると、リーダー企業を追い抜くことはできなくとも、イノベーション費用を必要としないため高収益の実現が可能となる。これがフォロワーである。

フォロワーは、リーダーの完全な模倣ではない。自らの成長の道程を明確にし、強烈な報復を招かないように行動する。

④ ニッチャー

ニッチャーは、ニッチ市場（すき間市場）を対象に専門化している企業である。顧客グループを熟知し、他企業よりもうまくそのニーズに対応するので高収益を達成できる。基本は専門化である。

### 理想的なニッチの特性

- 利益が出るだけの大きさと購買力
- 潜在成長力がある
- 大企業があまり関心を持っていない
- そのニッチに効果的に対応するスキルと資源を保有している
- 大企業の参入を防止するだけの暖簾(のれん)力がある

近年は圧倒的なリーダーの存在する業界が減ってきているように見えるが、基本的にこの類型は役に立つ。

## II 戦略

コンピュータのOS業界では、マイクロソフトが圧倒的なリーダーで、チャレンジャーであったアップルも、以前リーダーであったロータスも飲み込んでしまった。

もはやリナックスぐらいしかチャレンジャーのいなくなったOS業界であるが、業界リーダーの動きとしてマイクロソフトを見ると、比較的このコトラーの理論に忠実に動いているように見える。ある程度のシェアを獲得したあとの留意点としては、独占禁止法など行政への対応があげられよう。

このように、コトラーは競争ポジションを4つに類型化したが、最大のマーケットシェアを維持し、市場をリードするのが「リーダー（Leader）」企業、収益性を高めるためのマーケットシェアを拡大する業界2位、3位の企業が「チャレンジャー（Challenger）」企業、リーダーの製品の模倣または改良により、効率的・効果的に高収益の実現を可能とするのが「フォロワー（Follower）」企業、そして、顧客グループをどこよりも細分化し、他の企業よりもそのニーズに対応し高収益を達成するのが「ニッチャー（Nicher）」企業といえる。

## 自動車業界における競争地位の類型

| トヨタ自動車 | 日産自動車 | 本田技研工業 |
|---|---|---|
| **売上高**<br>15兆1062億円（02年3月期連結）<br>8兆2849億円（02年3月期単体） | **売上高**<br>6兆1962億円（02年3月期連結）<br>3兆198億円（02年3月期単体） | **売上高**<br>7兆3624億円（02年3月期連結）<br>3兆2111億円（02年3月期単体） |
| **最終利益**<br>6158億円（02年3月期連結）<br>4702億円（02年3月期単体） | **最終利益**<br>3722億円（02年3月期連結）<br>1834億円（02年3月期単体） | **最終利益**<br>3627億円（02年3月期連結）<br>1349億円（02年3月期単体） |
| **従業員数**<br>24万6702人（グループ）<br>6万6820人（トヨタ単体） | **従業員数**<br>11万8161人（グループ）<br>3万365人（日産単体） | **従業員数**<br>12万600人（グループ）<br>2万8500人（ホンダ単体） |
| **従業員平均年収**<br>794万6000円（トヨタ単独） | **従業員平均年収**<br>674万円（日産単体） | **従業員平均年収**<br>765万8000円（ホンダ単体） |
| **研究開発費**<br>5925億円（グループ） | **研究開発費**<br>2317億円（グループ） | **研究開発費**<br>3951億円（グループ） |
| **自動車以外の事業**<br>金融<br>売上6933億円（グループ）<br>その他<br>売上8194億円（グループ）<br>住宅の設計、製造販売など<br>**トピック**<br>リクルートと共同出資で、製造業対象のコンサルティング会社「オージェイティ・ソリューションズ」を設立 | **海外での車名**<br>サニー→セントラ<br>ブルーバード→アルティマ<br>マーチ→マイクラ<br>ダットサン→フロンティア<br>**トピック**<br>NTTドコモと共同で、車を運転しながら音楽・ニュースなどの配信を受けられる次世代の自動車向け情報サービスを展開 | **自動車以外の事業**<br>2輪　売上9479億円（グループ）<br>その他<br>売上5031億円（グループ）<br>金融サービス、モータースポーツ競技の興業・運営・管理、家庭用小型耕運機など<br>**トピック**<br>名古屋大学と共同でイネの背丈を低くする遺伝子を解明するなど、植物遺伝子の研究に着手 |
| ↓ | ↓ | ↓ |
| リーダー | チャレンジャーかフォロワーか？ | 差別化したチャレンジャー |

（02年3月期決算より）

出所：ビジネスリサーチ・ジャパン『図解・業界地図が一目でわかる本』三笠書房より作成

# 11 マーケティングとは何か
## ——マーケティングの4P

マーケティングの役割は自社の顧客を探し出し、その顧客のニーズと企業（の各部門）を結びつけることである。

リレーションシップ（顧客維持型）・マーケティング、ワントゥワン・マーケティングなど、様々なマーケティングコンセプトが紹介されているが、マーケティングの基本は前述のように、顧客のニーズを正しく満たし続けることである。

そのための典型的なマーケティングプロセスとは、

① マーケティング環境分析
② ターゲット市場・顧客の選定
③ マーケティングミックスの最適化

となる。

このプロセスでのポイントは、常にこれらが「循環」するということである。この循環をマーケティングのスパイラル分析とよぶ（86ページ参照）。

マーケティングは非常に奥の深い概念で、幅広い人や組織の活動に関連する。

マーケティングとは、個人の生活や組織（営利・非営利）の活動にとって「価値がある」「モノ」を生産して、その

「流通」を「促進」する一連の循環的活動と言うことができる。ここでポイントとなるのは次の4点である。

1. この活動で扱われる「モノ」とは、製品やサービスのほかにも、概念、アイデア、人間、組織、場所、空間など様々である。

2. モノは、個人や組織にとって「価値があるもの」でなければならない。個人や組織が必要とする、または欲するモノであるということである。多くの場合、この価値は、「価格」として示される。
また、価値の要素として「品質」がある。これは個人や組織のニーズをどの程度満たせるのか、十分かどうかの基準となる。この品質の概念は、前述の「モノ」の概念に含まれる。

3. 「流通」とは、市場、店頭、インターネット上の仮想空間など広い意味での「市場」で、モノが交換、または取引されることである。多くの場合、モノとお金が物理的、または契約として交換される。

4. モノの流通は、マーケティングの主体となる個人や組織が、それぞれの目的を達成するために「促進」される。
営利企業は、製品の売上を拡大するために、モノの販売促進を図る。

## Ⅲ　マーケティング

また政府は、たとえば麻薬乱用撲滅のためのメッセージが国民に広く伝わるように配慮する。

少々単純化すれば、マーケティングとは、

- モノ・製品（Product）
- 価値・価格（Price）
- 流通（Place）
- 促進活動（Promotion）

の4つの要素を最適化して、個人や組織がそれぞれの目的を達成しようとする継続的な活動と言えよう。

これらの4つの要素は、マーケティングにおいて「4P」と呼ばれる。

マーケティング研究の第一人者であるフィリップ・コトラーは、マーケティングを次のように定義している。

> 📖 **コトラーの定義**
>
> マーケティングとは、価値を創造し、提供し、他の人々と交換することを通じて、個人やグループが必要とし、欲求するものを獲得する社会的、経営的過程である。

コトラーは、マーケティングの出発点は人間のニーズ（必要）とウォンツ（欲求）であるとしている。

また、アメリカ・マーケティング協会によると、マーケティングは次のように定義されている（1985年）。

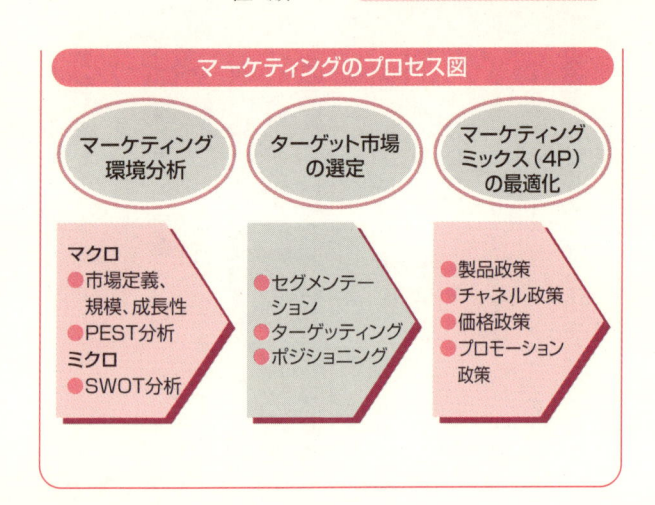

📖 **アメリカ・マーケティング協会の定義**

マーケティングは、個人や組織の目的を満足させる交換を創出するためのアイデア、財、サービスの概念形成、価格設定、プロモーション、流通を企画し実行する過程である。

このマーケティング・セクションでは、日本を代表するビール会社である麒麟麦酒株式会社（明治40年創業）の「極生」という発泡酒を題材に説明を進めていきたい。

## マーケティングのプロセス図

**マーケティング環境分析**
マクロ
- 市場定義、規模、成長性
- PEST分析

ミクロ
- SWOT分析

**ターゲット市場の選定**
- セグメンテーション
- ターゲッティング
- ポジショニング

**マーケティングミックス（4P）の最適化**
- 製品政策
- チャネル政策
- 価格政策
- プロモーション政策

## 12 周囲の変化にどう対応するか
### ——PEST分析

**III マーケティング**

マーケティング環境分析においては、まずは当該市場の規模・成長性・その構成の事実確認を行ない、次にマクロ環境、競争環境、自社の位置づけといった項目を見ることになる。

最初にすべきは当該市場の定義である。当然、自社または自社の商品がどんな市場に属しているかを見るわけだが、意外にこの点は、社内でも認識がまちまちなことが多い。この定義がずれていると、その後の議論がかみ合わなくなってくる。

市場の定義が確認できたら、その市場規模を、できれば量ベース・金額ベースの両方で確認し、その過去の成長性と、市場への浸透レベルなどから、これからの成長性を予測する。

次に、外部環境におけるマクロ環境を見る。マクロ環境を見るフレームワークとしてPEST分析というものがある。

📖 **PEST分析**
Politics（政治要因）、Economics（経済要因）、Social（社会要因）、Technology

（技術）の頭文字をとったもので、それぞれの視点から分析を加えること。

以下その要因がどんな影響を及ぼすか順に見ていこう。

① Politics ▼ 政治・法律環境（例：環境法）

様々な環境法が生まれると、ISO14001などを取り扱う環境コンサルタントや、騒音測定・水質測定を行なう企業、またそれらの測定機メーカーなどがビジネスチャンスを得ることになる。

しかし、今まで環境への対策をおろそかにしていた化学工場などは、測定機器や環境対策への設備不足などから、逆に不利となる可能性がある。

② Economics ▼ 経済環境（例：円高）

円高が企業に及ぼす影響は大きい。輸入企業にとっては機会を得ることになるが、輸出企業には脅威をもたらすことになる。

③ Social ▼ 社会・文化環境（例：共働き夫婦の増加）

共働き夫婦の増加によって、外食産業・コンビニエンスストアなどは機会を得ることになるが、品揃えが少なく、営業時間も短い個人商店には脅威となる。

また、人口統計学的に見ると、少子高齢化の進展という環境変化が企業に及ぼす影響も忘れてはならない。高齢者を対象としている介護事業には、機会を与えることになるが、逆に子供を対象とした

教育事業には脅威をもたらすことになる。

### ④Technology▶技術環境（例：インターネットの普及）

インターネット技術の向上は、通信技術を備え、IT化への対応に積極的な企業には、様々な機会が生むが、旧態依然の企業や、IT化への投資を行なわない企業の場合、シェアが知らない間に減少していくという脅威をもたらす。

競争環境分析では、戦略の項で説明した5つの力分析なども適用し、どんな競合相手がいて、それはどんな能力・戦略であるかを確認する必要がある。

顧客分析では主にキー・バイイング・ファクター（KBF：顧客が購入する理由）は何かという観点から、顧客の属性を整理することになる。

## キリン「極生」発売時（2002年2月）の日本のビール市場の環境分析

### 日本のビール・発泡酒の課税数量推移（万kℓ）

主力事業であり、これまで50％近いシェアを取ってきたキリンビールであったが、90年代を通じてビールそのものの消費量が減少し、その代替として発泡酒が著しい伸びを見せていた。2001年にはとうとう発泡酒がビールの消費量の45％にまで成長してきており非常に重要な市場になっていた。

### 麒麟ビール＆発泡酒合計シェア（％）

ビールの全体市場の中でのシェアでもキリンは落ち込みを見せていた。1992年には50％近くあったシェアが2001年には30％台に落ち込んでいた。発泡酒内のシェアは40％台で健闘していた。

| マクロ環境 | PEST分析 |
|---|---|
| Politics | ビールの酒税が41.7％に対し、発泡酒は15.9％で、構造的に発泡酒が安価に提供できる仕組み。 |
| Social | 人口動態で見ると若者のアルコール離れが進んでおり、今後爆発的にビール消費が増加することは望みにくい。 |
| Economics | 不況が続き、高級品と低価格品の2極化傾向。 |

| | |
|---|---|
| 競合状況 | 競合他社もマグナムドライなど発泡酒で魅力的な商品のラインアップを充実させてきている。 |
| 分析 | 成長セグメントである発泡酒に注力。麒麟淡麗以外に看板になる発泡酒がラインナップにないので、淡麗の強化とともに、新たな発泡酒製品が必要。 |

## 13 ねらうべき顧客とそれ以外を峻別しよう
――セグメンテーション・ターゲッティング・ポジショニング

セグメンテーション、ターゲッティング、ポジショニングはマーケティングでよく出てくる重要な言葉であるのだが、意外に曖昧な使われ方をしていることが多い。

> 📖 **セグメンテーション**
> 市場を、マーケティング戦略上同質と考えて差しつかえないと判断される集団（市場セグメント）に分解すること

なぜセグメンテーションをするのか？

それは、市場をセグメントすることなしに、すべての人のニーズを満たす製品を提供することが困難だからである。

物が充足している現代社会においては、消費者の欲求は高度化かつ多様化している。そのようなニーズをすべて満たす製品を提供しようとすることは、かえってコンセプトが不明確となり、消費者への訴求効果が低くなってしまう。

もし一人一人の顧客のニーズに合わせて製品を提供しようとすれば、そのカスタマイズにコストがかかり、非常に高価

な商品になってしまう（デルモデルのように、カスタマイズとコストの折り合いをうまくつけている例もある）。

そこでセグメンテーションによって共通のニーズや類似した購買パターンを持つ顧客のグループに市場を分割し、それに応じた対応をすることで、より効率的なマーケティングをすることができる。

ここで問題になってくるのは、どのような軸（視点）で市場を分割するかということである。一般によく使用される変数には次のようなものがある。

● 地理的変数（地方・気候・人口密度など）

● 人口動態変数（年齢・性別・家族構成・所得・職業など）

● 心理的変数（ライフスタイル・パーソナリティなど）

● 行動変数（求める便益・使用率など）

● 製品の使用パターン（アプリケーション・最終ユーザーなど）

セグメンテーションの目的は単に市場を細分化することではなく、自社にとって最も魅力的な市場セグメントがどこかを探しだすことである。そのとき以下の4つの条件（4R）でチェックするとよい。

① 優先順位（Rank）：ターゲットの各顧客層を重要度に応じてランク分けできるか

② 測定可能性（Response）：当該市場セグメントの顧客からの反応を測定・分

# III マーケティング

析することが可能か、また、その反応はどうか

③ **有効規模（Realistic）**：当該顧客層から十分な売上・利益が見込めるだけの規模があるか

④ **到達可能性（Reach）**：市場セグメントへ効果的に到達できるか。この到達にはコミュニケーションの到達と、商品・サービスの到達の2つの意味がある。

📖 **ターゲッティング**
セグメントのうち規模・成長性・競争などの観点から自社に有利なねらうべきセグメントを定めること

セグメンテーションにより、各市場セグメントの特性が判明した後、自社が本当にねらうべきセグメントはどこかを考えなくてはいけない。一見魅力的なセグメントが常に自社にとって最良のターゲットとは限らないのである。
コトラーによるとターゲッティングには次の3つのアプローチがある。

① **非差別化マーケティング**：単一の製品やマーケティングミックス（価格・プロモーション・チャネル）で、市場全体または最大のセグメントを標的とするマス・マーケティングの手法。

② **差別化マーケティング**：複数のセグメントにそれぞれ異なる製品・マーケティングミックスを用意する手法。

③ 集中化マーケティング：特定セグメント（最大セグメントでない場合が多い）に全経営資源を集中し、独自の地位を築く戦略。企業体力がない場合によく見られる。

📖 **ポジショニング**
ターゲット顧客の頭の中に、他の商品と差別化していると認知される、明確で価値ある製品イメージを作り出す活動（本来ポジショニングは企業・事業・製品の3段階があるが、ここではマーケティング戦略上重要な製品ポジショニングを念頭においている）

ト内で、競合製品と比べて相対的に魅力的であると位置づける方法と、競合との衝突をさける位置づけ方の2種類がある。

競争に勝つことも大事だが、競争を回避して十分な利益が得られるのであれば、そちらのほうがうまい戦略といえる。

キリンビールは元々「ラガー」という超大型定番商品を非差別化マーケティングで提供してきたが、ビール業界の勢力変化とともに、差別化マーケティング戦略に変え、各セグメントにあわせた製品を提供するフルラインアップ体制をしいている。

そこでキリンビールは、低価格が主流の発泡酒セグメントをさらに切り分け、

ポジショニングには同一顧客セグメン

## III マーケティング

### キリン「極生」のセグメンテーションとポジショニング

#### キリン極生のポジショニング

"極めて飲みやすい発泡酒"

お客様が発泡酒に期待する「飲みやすさ」に応えるため、素材や製法を一から見直しました。「極生」、それは、のどの渇きを癒すのに最適な、すっきりした味覚を実現した商品です。
（キリンのHPでのメッセージから）

↑

#### キリン極生のセグメンテーション

発泡酒に"味"と"価格（発泡酒セグメント内でのさらなる低価格）"を求めるセグメント。さらに環境問題への意識もあるセグメント。
このニーズを持つセグメントは発泡酒ユーザーの大多数を占めると思われた。

↑

#### 前提となる消費者調査

発泡酒をよく飲む発泡酒主飲層の約8割が「価格で割り切って買っている」「ブランドに思い入れはないが何となく買っている」と答えており、「思い入れのある銘柄として買っている」と答えたのは全体の約2割で、ビール主飲層の約6割と比べて明らかに低い結果となっている。
発泡酒の新製品に期待している消費者は、9割を超えている（同社の消費者調査より）。さらに、発泡酒に求める味わいについても調査したところ、発泡酒には「飲みやすさ」を求める人が8割を超え、最も高いという結果を得た。

「既存の発泡酒よりさらに低価格で飲みやすい」というニーズは発泡酒ユーザーの中で最大セグメントと予想し、「極生」はまさにこの層をターゲットとしているのだ。

Ⅲ マーケティング

# 14 もっとも効率的な組み合わせを考える
## ——マーケティング・ミックス

自社のねらうべきポジションが明らかになったら、次はそのポジションを確立するために、マーケティングの4P（製品、価格、プロモーション、販売チャネル）を組み合わせたマーケティング・ミックスを策定する必要がある。

📖 **マーケティング・ミックス**
ターゲット市場に対し、企業がマーケティング目標達成のために、コントロールできるさまざまな手段を組み合わせること。

### マーケティング・ミックス

マーケティング手段の最も一般的な分類である4Pはすでに述べた（47ページ）。

4Pそれぞれの要素を組み合わせ、マーケティング目標をいかに効率よく達成させていくかが、この段階の課題となる。

それぞれの要素は次の通り。

① **製品政策**：決定したターゲット市場に対し、企業が取り扱うべき製品群をどのようなものにするか設定する。また、取扱い製品の幅・深さなどの品揃えについ

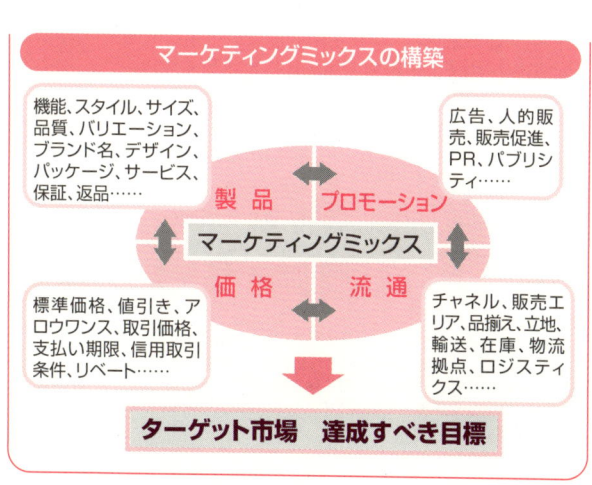

## III マーケティング

ても設定する。

② **価格政策**：製品の価格設定をするということは、価値を顧客へ表示するという側面と利益を直接創出するという側面がある。そのような重要な役割をふまえて価格の設定を行なう。

③ **チャネル政策**：チャネル政策においては、製品を最終消費者へ到達させるのにどのような経路（流通業者）を利用すれば、最も効率的であるかの設定をする。

④ **プロモーション政策**：今日、多様化しているメディア等を通じて、消費者に製品PRの最適な手段について設定する。

マーケティング・ミックスのポイントは4Pの整合性であるが、「極生」では非常に一貫した思想で4Pが構成されて

### マーケティングミックスの構築

機能、スタイル、サイズ、品質、バリエーション、ブランド名、デザイン、パッケージ、サービス、保証、返品……

広告、人的販売、販売促進、PR、パブリシティ……

**製品** ⇔ **プロモーション**

**マーケティングミックス**

**価格** ⇔ **流通**

標準価格、値引き、アロウワンス、取引価格、支払い期限、信用取引条件、リベート……

チャネル、販売エリア、品揃え、立地、輸送、在庫、物流拠点、ロジスティクス……

**ターゲット市場　達成すべき目標**

いる。左のプレスリリースを見ると、そのポジショニングコンセプトである「飲みやすさ」「本質を追求してシンプルにした結果としての低価格」が生き生きと伝わってくる。

- キリンビール（社長　荒蒔康一郎）では、発泡酒の新商品「キリン　極生〈ゴクナマ〉」を2月27日に全国で発売します。発泡酒ならではの魅力である「飲みやすさ」と「買いやすさ」を追求し、すっきりうまい味覚と、350ml缶で135円（希望小売価格）、500ml缶で185円（希望小売価格）という価格を実現しました。

- 発泡酒市場はお客様の支持をいただき、年々拡大しています。当社では、お客様の期待に本当に応える商品をつくりたいと考え、発泡酒ならではの魅力と価値を追求して「キリン　極生〈ゴクナマ〉」を開発しました。商品名は、「『飲みやすさ』と『買いやすさ』を極めた、シンプルな生」という商品コンセプトをストレートに表現しています。

- 中味については、「飲みやすさ」を極めるために、素材や製法を一から見直しました。苦味や香りが強すぎず後味が残らない、のどの渇きをいやすのに最適な味覚です。

- 「買いやすさ」を極めるために、お客様が必要とする本質的なものだけを大切にして、容器、包装を簡素化し、6缶パック仕様をやめました。また、従来のマーケティング手法にとらわれず、商品そのものを訴求するシンプルな広告や販売促進策を採用します。こうしたシンプルなものづくりやマーケティングにより、今回の新価格を実現しました。

- パッケージデザインは、過剰な装飾を一切省き、青色一色で「極生」の商品名を中央に配しています。事前の消費者調査でも、今までのビール・発泡酒とは違い、新鮮で印象的なデザインという評価を得ています。

- 「キリン　極生〈ゴクナマ〉」は、2002年に当社が発売する新商品の第一弾です。従来の開発方法を徹底的に洗い直し、お客様が求める価値を実現する商品として生まれました。当社は、これからもお客様のニーズに応える、新しい価値を提供していきます。

## III マーケティング

### キリンビール、発泡酒「極生〈ゴクナマ〉」発売時のプレスリリース

#### ●「キリン 極生〈ゴクナマ〉」商品概要

| 1 | 発売時期 | 2002年2月27日(水) |
|---|---|---|
| 2 | 発売地域 | 全国 |
| 3 | 発売品種と希望小売価格(消費税別) | 350ml缶　135円<br>500ml缶　185円<br>※希望小売価格は単なる参考価格であり、販売店が自主的に設定する販売価格を何ら拘束するものではありません。 |
| 4 | 商品特長<br>【中味】 | ▼低めの苦味、高めの発酵度で「すっきりしたうまさ」を実現。<br>▼苦味や香りが強すぎず、後味が残らない。<br>▼アルコール度数　約5.5% |
|   | 【パッケージ】 | ▼アルミの缶地に青色で一色刷り。中央に「極生」と大きく商品名を配したシンプルで印象的なデザイン。<br>▼環境負荷量を削減した新開発のアルミ缶「aTULC(エータルク(※))」を順次採用。<br>※東洋製罐がビール・発泡酒用缶として開発し、キリンビール社が実用化した環境に配慮した缶。Aluminum Toyo Ultimate Canから命名。缶の内外面にポリエステルフィルムをラミネートすることで、環境保全性を高めた。<br>※缶の成形時の排水、廃棄物、二酸化炭素を大幅に削減。缶の強度を落とさずにアルミ使用量の削減を可能にした。 |
|   | 【包装】 | ▼6缶パック仕様をやめ、カートンの印刷色数を減らした。 |
| 5 | 販売予定数 | 約830万ケース(350ml×24缶換算)<br>■問い合わせ先■キリンビール<2503.T><br>お客様センター<br>フリーダイヤル:0120-111560<br>※発表日　2002年1月9日<br>以　上<br>[2002/01/10] |

## 15 顧客は商品に何を求めているのか
――製品(中味&パッケージ)

Ⅲ マーケティング

製品政策を論じる前に、まず製品とは何かを明らかにする必要がある。

消費者は製品そのものを消費、使用、取得したいわけではなく、製品を消費、使用、取得することによって何らかのベネフィット(便益)を求めているのである。

P・コトラーは、製品には5つの次元があると指摘している。

第1の次元は、最も基本的な「**中核ベネフィット**」である。メガネという製品を購入する消費者は、メガネ自体がほしいのではなく、メガネを使用することにより、「身のまわりがよく見える」というベネフィット(便益)を求めている。この便益のことを中核ベネフィットという。

第2の次元は、「**一般製品**」で、製品の基本的な形を指す。

第3の次元は、消費者が購入するとき期待する属性と条件の組み合わせである「**期待された製品**」である。

第4の次元は、保証、点検、修理、アフターサービス、カスタマーセンター、

# III マーケティング

配送などの付加的なサービスである「拡大された製品」である。コトラーは現代の競争がこの第4の次元で行なわれていることを指摘している。

しかしこの付加サービスは、コストがかかること、またいったん付加されたサービスは当たり前となって、ありがたみがなくなること、などを考慮する必要がある。

第5の次元は、製品の将来のあり方を示す「潜在的製品」である。

このように、製品はモノという目に見えるハードについてだけでなく、システム化、高度化が進行している。

たとえば、最新鋭のファクトリーオートメーション（自動生産）システムも、ハード機器だけでなく、プログラミングを含むソフトウェア、そして歩留まりや故障が発生した際に対処をする修理などにはマンパワー（サービス）が不可欠となっている。

「極生」では、中核ベネフィットは"飲みやすい"（第1の次元）、製品の基本形は缶ビール（第2の次元）、飲みやすい属性と、一番安いという条件が組み合わさっており（第3の次元）、エコロジー缶という付加サービス（第4の次元）がある。これから第5の次元へと発展するのだろうか？

## 発泡酒パッケージ比較

| キリン淡麗<br>グリーンラベル | サントリー炭濾過純生 | キリン極生 | アサヒ本生 | サッポロ北海道生搾り | キリン麒麟淡麗〈生〉 |

**キリンの戦略**

中味："飲みやすさ"を追求した味。

パッケージ：ビールなど消費財は中味と同様（ときにはそれ以上）にパッケージが重要である。「極生」はパッケージ自体が広告というコンセプトで、その商品コンセプトの大部分がパッケージに凝縮されている。

**Point 1**
商品が持つ本質的な魅力を感じてもらうために、過剰な装飾を省き、最小限の要素でデザインを構成したとのこと。確かに、他のビール・発泡酒は赤色・金色・黒色を中心にカラフルに作られているが、「極生」はざらざらしたシルバーのベースに爽やかな青色一色のデザイン。

**Point 2**
**エコロジー缶**：aTULC (Aluminum Toyo Ultimate Can)
東洋製罐（株）がビール・発泡酒用缶として開発し、キリンビールが世界で初めて実用化した環境に配慮した新しいアルミ缶を使用。缶の内外面にポリエステルフィルムをラミネートすることで、環境負荷の低減を実現している。パール調の美粧性に優れた外観を持ち、缶の強度を落とすことなくアルミ使用量を削減している。

**Point 3**
**350mlと500mlのみ。**
6缶パックなし。業界常識であった6缶パックをやめ、その包装コストをもコストダウンの原資に投入。

# 16 値段のつけ方で大きな差がつく
## ——価格

III マーケティング

製品に対する市場とターゲットの決定と共に、価格を含むマーケティング・ミックスの設定が重要である。ここでは価格について検討していこう。

製品の価格を設定するためには、
① 目標の設定
② コスト算定
③ 需要分析
④ 価格設定方法の選択

などが重要である。次にそれぞれを詳細に見ていこう。

① 目標の設定

企業目標と価格には次のような関係がある。

● 企業存続

企業は、中・長期的に最低限のコストをカバーできなければ存続できない。変動費と一部の固定費（70ページ参照）をカバーしていれば、売上の拡大に伴ってコストをカバーし、利益を上げることが期待できる。変動費をカバーする価格が下限価格となる。

## 2002年前半の人気発泡酒6銘柄①

| 商品名 | パッケージ | 特徴 | CM |
|---|---|---|---|
| **極生**<br><br>アルコール度数<br>約5.5%<br>135円<br>キリン | | ・2/27発売<br>**味と価格を追求したシンプルな発泡酒**<br>・のどの渇きを癒すのに最適なすっきりした味覚<br>・粗挽き大麦使用 | CM・キャンペーンなし<br>徹底的に販促費用を削減。これにより10円値下げを可能に |
| **炭濾過純生**<br><br>アルコール度数<br>約5.5%<br>145円<br>サントリー | | **未体験の飲みやすさへ。進化した発泡酒**<br>・飲みやすさを極めるために、濾層に竹炭を入れて濾過する独自の仕上げを採用<br>・吟醸酒に使われる精米と同じように、殻を取り去り粒を磨いた精白大麦を使用<br>・かつてないすっきり感、まろやかな味わい | |
| **淡麗グリーンラベル**<br><br>アルコール度数<br>約4.5%<br>145円<br>キリン | | **糖質70%オフのからだも気持ちもここちよい、もうひとつの淡麗**<br>・淡麗ならではの爽快なのどごしと、クリアな後味<br>・副原料に「酵母エキス」を使用。酵母を活性化させることで発酵度を高め、糖質70%オフとクリアな後口を実現 | |

## III マーケティング

- **利益最大化**

企業は、利益、キャッシュフロー、投資収益率を最大化するという目標を持つ。利益の最大化は、需要と価格と費用の関係を最適化することによって実現される。

- **売上最大化**

利益と共に、企業の目標となるのは売上の最大化である。売上を伸ばしてマーケットシェアを拡大することは利益の拡大にもつながると考えられる。売上を最大化するためには、需要と価格の関係を最適化しなければならない。

- **売上数量最大化**

売上数量の増加は単位当りのコストを低下させると考えられる。売上数量の最大化によって利益率を向上させることが可能である。これは市場浸透価格設定と呼ばれ、次のような状況下で有効である。

a. 市場の価格弾力性が高く、価格の引下げによって大幅な売上の拡大が望める。

b. 経験効果によって生産と流通コストが低下する。

c. 価格引下げが市場での競争を抑制する。

- **上層吸収最大化**

高価格を設定して市場の「上澄み」をすくうことができる。これは上層吸収価格と呼ばれ、次のような環境下で有効である。

a. 需要水準が十分に高い。
b. 小規模生産による単位当りコストがそれほど高くない。
c. 初期の高価格があまり競争を刺激しない。
d. 高価格によって高品質のイメージが生まれる。

● **品質重視**
企業は、高品質をアピールすることで、独自のポジショニングを実現し、高収益を達成することができる。この場合には、高品質に見合う高めの価格が設定される。

② **コスト算定**
コストは価格の下限となる。コストには固定費と変動費がある。

> 📖 **固定費**
> 生産や販売数量に関係なく一定となる費用。オフィス賃貸料、光熱費、役員や経理スタッフの給与などが含まれる。

> 📖 **変動費**
> 生産や販売数量に応じて直接変化する費用。原材料費、外注加工費の一部、販売コミッションなどが含まれる。

③ **需要分析**
価格によって需要も異なる。一般的に、ハンバーガーの値段が上がると消費者の需要は低くなり、逆に値段が下がると需

## III マーケティング

### ● 需要の価格弾力性

需要は、次のような状況下では非弾力的（反応がにぶい）になる。

a. 代替品や競争企業がほとんど存在しない。
b. 買い手が価格上昇に気づきにくい。
c. 買い手が購買習慣を変えず、価格低下製品の検索に消極的。
d. 買い手が価格上昇を品質改善やインフレ（一般的物価上昇）と考える時。

これらの反対の状況において、価格は弾力的（反応が鋭い）になる。需要が弾力的な時、価格引下げは売上高を増加させる。生産・販売コストの削減、販売数量の増加などによって需要が大幅に増加した時、価格引下げは有効な戦略となる。

### ④ 価格設定方法の選択

価格は、コスト、需要、競争によって決定される。価格設定のためには次のようないくつかの方法がある。

● マークアップ価格設定
原価に値入額を上乗せして価格を設定

● 目標収益による価格設定
事業規模から価格を設定

● 知覚価値による価格設定
雰囲気などの付加価値で価格を設定

● 実勢価格による価格設定
競合相手との比較で価格を設定

● **入札価格による価格設定**

入札で受注し、価格を設定最終価格を決定するためには、心理的価格も考慮する必要がある。消費者は、価格を品質の判断基準としていることがある。そのため、化粧品や高級時計などには、イメージ（知覚）価格が効果的である。

また、メーカー希望価格や競争企業の価格を参考価格として、ある販売価格は高くないと思わせることもできる。さらに、980円や9980円など端数価格をつけて、値段をひと桁下の水準に抑えることで、消費者に安いと感じさせる方法もある。

### 他社より「10円安」の戦略

　価格の設定は顧客のニーズとコストの2方向からなされるが、「極生」は顧客ニーズから、そもそも通常のビールより割安な発泡酒に対し、さらなる低価格ニーズがあるに違いないと洞察し、その低価格を実現させた。そのために、商品コンセプト・パッケージ・広告の全てを見直し、利益の出る形で既存の発泡酒より10円安の売価を可能とした。その結果は予想どおりのものであり、競合他社にも相当のインパクトを与えたようである。

　2002年2月27日の発売後1週間で95万ケースを出荷し、好調なスタートを切った。この「極生」に対抗し、アサヒビールが「本生」で、サントリーが「マグナムドライ〈爽快仕込〉」で期間限定の10円値下げキャンペーンを行なうなど、「極生」の価格設定は業界に大きな波紋を呼んだ。

## III マーケティング

### 2002年前半の人気発泡酒6銘柄②

| 商品名 | パッケージ | 特徴 | CM |
|---|---|---|---|
| 本生<br><br>アルコール度数<br>約5.5%<br>145円<br>アサヒ | | **スカッと本格「生」**<br>・「本格的な味感」「楽しさ・カジュアル感」を満喫できる発泡酒<br>・栄養分が豊富な大麦エキスとミネラル分が豊富な海洋深層水を使用 | 松本幸四郎氏を起用 |
| 北海道生搾り<br><br>アルコール度数<br>約5.5%<br>145円<br>サッポロ | | **生搾りは、もっとおいしくなる**<br>・北海道産麦芽の使用に加え、契約栽培の富良野産ホップを新たに採用<br>"ストライプ缶ぶた"も導入し、泡のうまさにもひと工夫<br>・鮮度感にこだわった発泡酒 | 阿部寛氏を起用 |
| 麒麟<br>〈淡麗生〉<br><br>アルコール度数<br>約5.5%<br>145円<br>キリン | | **おいしさが、止まらない**<br>・粗挽き大麦使用により、「渋み」や「香りの変化」の元となる成分を抑制。素材本来が持つ「うまみ」が従来に増して引き立つようになった | |

73

## 17 潜在的顧客を掘り起こせ
## ——プロモーション

Ⅲ マーケティング

【プロモーションミックス】

これまで、マーケティング・ミックスの4Pのうちの3つのPを見てきた。

しかし、それだけではまだ十分とはいえない。これら3Pがそろったとしても、顧客に知ってもらわなければ何の意味もない。

そこで既存および潜在顧客への情報を伝達する役割をはたすのが4つ目のPであるプロモーション（Promotion）である。

プロモーションはマーケティング・ミックスの1つであるから、当然他の3Pと整合性がとれていなければならない。

つまり、

Who（ターゲットは誰か）
What（どのようなメッセージを）
When（実施のタイミング）
Where（実施する場所）
How（どのように）

を他のマーケティング・ミックス、ひいては戦略的マーケティング全体との整合性をとりながら構築していくのである。

またどのように（How）実施していく

かは、具体的なプロモーション手段を検討することでもある。代表的な手段としては、

① 広告
② パブリシティ
③ 販売促進
④ 人的販売

などがあり、これらを目的に合わせて組み合わせることをプロモーションミックスという。

【プッシュ戦略とプル戦略】

プロモーションでよく耳にする概念がある。それは人的販売が中心の「プッシュ戦略」と広告が中心の「プル戦略」である。

具体的には、メーカーは卸売業者に対して製品の説明、価格の値引、財政援助などを行ない、それを受け卸売業者は小売業者へ、小売業者は消費者に向け、自社製品を促し、着実な売上上昇を期待する。ブランド先行が高くない製品に適し

📖 **プッシュ戦略**

メーカーから卸売業者へ、卸売業者から小売業者へ、小売業者から消費者へとチャネルの上流から下流に向けて発信するプロモーションのこと。チャネルの上流から下流に向けて製品の取り扱いを促していくことからプッシュ戦略と呼ばれている。

ているといえる。

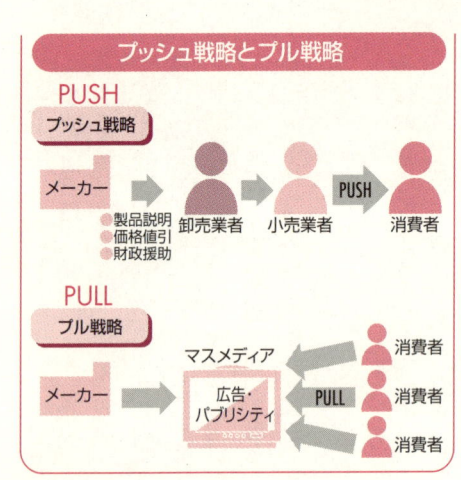

> 📖 **プル戦略**
> メーカーが消費者に対して主にマスメディアを通じてメッセージを伝え需要の喚起を行なうもの。広告によって消費者を製品購入のために小売店に引き寄せるという意味でプル戦略と呼ばれている。

具体的には、メーカーが広告やパブリシティにより指名買いをさせ、売上の急上昇を期待するものである。

しかし留意すべきことは、どちらか1つということではなく、プッシュ戦略とプル戦略の組み合わせにより、効果的なプロモーションが可能になるということである。その際、製品の特性や市場での浸透度、競合状況、自社の状況などを考慮に入れ、バランスをとっていくことが必要となる。

### プッシュ戦略とプル戦略

**PUSH**
プッシュ戦略

メーカー → 卸売業者 → 小売業者 →PUSH→ 消費者
- 製品説明
- 価格値引
- 財政援助

**PULL**
プル戦略

メーカー → マスメディア 広告・パブリシティ ←PULL← 消費者 / 消費者 / 消費者

# III マーケティング

## 「極生」の広告戦略

2002年2月24日　朝刊紙に出された広告

**Point**

● パッケージ自体が広告というコンセプトで、TV広告を行なわず（そのコストを値下げの原資とした）、"極生" という商品名に "135円" というキャッチコピーの使用によりブランドの刷り込みを図る。担当者は「"極生" というキャッチコピーに "135円" というニュースを付加すれば、お客様に試していただけるのではないかと考えました」と話す。広告に記載する情報は「極生」と「135円」という2点に絞り込み、新聞と交通広告で展開。パッケージとクリエイティブを統一した。

● 新聞を使って全国一斉に告知し、交通広告が行き渡らない首都圏以外のエリアでは、「極生、135円、新発売」というラジオの5秒広告を加えた。「これまでは "製法" や "うまい" など、多くのメッセージを広告の中に入れてきましたが、今回は最低限の情報提供にとどめることで、企業からの一方的な押し付けとならないように心がけました」という。

## 18 流通を制する者が市場を制す
――チャネル

Ⅲ マーケティング

流通チャネルとは、製品やサービスが製造業者（提供者）から最終消費者まで流れるその流通経路のことをいい、この中で機能している業者を流通業者という。

流通業者が間に入り、取引を束ねることによって、全体の取引者数を減らすことが、流通チャネルの基本的役割である。

コトラーは、その他の流通チャネルの機能として、製品・サービスと消費者の間にある様々なギャップを埋めること、すなわち、消費者のリアクションなどマーケット情報の収集、プロモーション接触、交渉、ファイナンス（与信）機能、リスク分担などをあげている。

これらを構造的にとらえ直すと、流通機能は次の3つに区分けできる。

①**商的流通**とは、「所有権」が移動していく流れ、つまり取引の流れのことである。

②**物的流通（物流）**とは、モノが移動する流れのことである。

③**情報流通**とは、情報が移動する流れのことである。

## Ⅲ マーケティング

具体的に、パソコン販売店が販売在庫がなくなったため、卸売業者にパソコンを発注するケースを見てみよう。

卸売業者は製造メーカーに発注し、それを受けメーカーが、指定されたパソコンを卸売業者に販売する。そして卸売業者は、パソコン販売店に指定されたパソコンを販売する。その際、パソコン自体は、メーカーの物流センターから、直接パソコン販売店に届けられるから、このような通常の取引には、商的・物的・情報流通の要素すべてが含まれているといえよう。

流通チャネルの構築には通常多大な時間と資源を要する。また外部資源を使うことにもなるので、一度構築するとその変更のコストは膨大なものになりがちで、流通チャネルの設計には細心の注意を要する。

流通チャネルの構築に際しては、まずその目標とする市場を明確に定める必要がある。そしてそのターゲット市場に最も効果的かつ効率的に到達するチャネルの長さと幅を考えるのである。

### 【チャネルの長さ】

これは生産者から何段階を経て、最終消費者に到達するかということである。最小はゼロ段階チャネルで、生産者から消費者に直接届けるものであり、デルコンピュータのダイレクトモデルが典型的な例であろう。

生産者と最終消費者の間に、卸・小売りが重層的にはいることで、この段階は多段階となる。一般に日本の流通は段階が多いといわれる。

## 【チャネルの幅】

チャネルの各段階で使う媒介業者の数をいう。種類としては販売先を限定せず、全ての可能なチャネルに開放する「開放的流通政策」、媒介業者の資金力・立地条件・実績などの一定条件に基づいて選択した業者に任せる「選択的流通政策」、（地域ごとなど）独占的に販売権を与える代わりに、他者商品の扱いを制限する「排他的流通政策」の3種類がある。

最終的には、そのチャネルで販売可能な量と収益（大量に販売するがマージンの薄いチャネルもあるので）、チャネルの将来性、自社との力関係などを勘案してチャネルミックスを決めていくことになる。

## III マーケティング

### 「極生」発売時のビール流通チャネル構造とキリンビールのポジション

| 流通チャネル | | キリンビールの強さ |
|---|---|---|
| パパ・ママショップ | 昔は主要チャネルであったが激的に減少中 | ◎ |
| スーパー/GMS | 安定的ビール販売ルート | ○ |
| ディスカウントストア | ビール、発泡酒の販売ルートとして成長。価格コントロールがしにくい。 | ○ |
| CVS（コンビニ） | ビール、発泡酒の主要販売ルートとして成長中 | △ |
| 飲食店（レストラン等） | 一度入ると、他からキリカエされにくいルート | ○ |

キリンビールの強い、パパ・ママショップ系酒販店のプレゼンスが弱まる中で、主力チャネルへと成長したCVSでのポジションはやや弱かった。しかし、CVS店頭に並ぶためには、従来テレビCMを大量に流すなど、コスト負担も大きく、またディスカウンターからの値下げプレッシャーも強かった。

⬇

**CVSチャネルに置いてもらえる、値価対応型商品の必要性**

# 19 ブランドの威力をあなどってはいけない
## ―― 製品・ブランド

Ⅲ マーケティング

「ブランド」という言葉もここ数年で経営手法の1つとして脚光を浴びるようになったが、どうもよく実態がわからないという意見をよく聞くのもこの「ブランド」である。

広く認知されているアメリカマーケティング協会の定義によると、意図した名称、言葉、サイン、シンボル、デザイン、あるいはその組み合わせ

この定義をもう少しわかりやすく言うためには、ブランドと単なる商品名の違いを説明するのが早い。すなわち、「ターゲットとする顧客が、イメージがすぐに湧き、他社との違いをすぐにはっきりいえるのがブランドであり、そうでないのが単なる商品名」である。英国ではすでにブランドを資産としてP／Lに載せている。

📖 **ブランド**
ある売り手、あるいは売り手の集団の製品およびサービスを識別し、競合相手の製品およびサービスと差別化することを

## III マーケティング

狭義のブランドを構成する要素として以下の6つを挙げておく。

① **ブランド・ネーム**
製品のコンセプトや主要な連想を簡単に表現することができる、効果的かつ重要なコミュニケーション手段。

② **ロゴ・シンボル**
ブランドのビジュアル的要素は製品の識別を容易にしたり、非言語的であるがゆえに国や文化の違いを超えて普遍的に使用できる、という利点がある。

③ **キャラクター**
架空あるいは実在の人物をかたどったブランド・シンボルの特別なタイプで、ブランド認知度を向上させたり、好意的

### ブランドは戦略資産となった

インターブランドによる「国際ブランド価値」ランキング（2001年）

| | ブランド名 | 価値 | | ブランド名 | 価値 |
|---|---|---|---|---|---|
| 1 | コカ・コーラ（米） | 68,945 | 14 | トヨタ（日） | 18,578 |
| 2 | マイクロソフト（米） | 65,068 | 15 | ヒューレット・パッカード（米） | 17,983 |
| 3 | IBM（米） | 52,752 | 16 | シスコ・システムズ（米） | 17,209 |
| 4 | ゼネラル・エレクトリック（米） | 42,396 | 17 | アメックス（米） | 16,919 |
| 5 | ノキア（フィンランド） | 35,035 | 18 | ジレット（米） | 15,298 |
| 6 | インテル（米） | 34,665 | 19 | メリルリンチ（米） | 15,015 |
| 7 | ディズニー（米） | 32,591 | 20 | ソニー（日） | 15,005 |
| 8 | フォード（米） | 30,092 | 21 | ホンダ（日） | 14,638 |
| 9 | マクドナルド（米） | 25,289 | 22 | BMW（独） | 13,858 |
| 10 | AT&T（米） | 22,828 | 23 | ネスカフェ（スイス） | 13,250 |
| 11 | マールボロ（米） | 22,053 | 24 | コンパック（米） | 12,354 |
| 12 | メルセデス（独） | 21,728 | 25 | オラクル（米） | 12,224 |
| 13 | シティバンク（米） | 19,005 | | | |

単位は100万ドル

なブランド知覚を形成する上で効果を発揮する。

④ **スローガン**
ブランドに関する記述的・説得的情報を伝達する簡潔なフレーズであり、当該ブランドの意味を生活者に伝達する上で有用。

⑤ **ジングル**
音楽によるメッセージであり、ブランド認知度を高める上で最も効果的であると考えられている。

⑥ **パッケージング**
製品の容器や包装をデザイン・制作する活動であり、ブランドの識別や記述的・説得的情報の伝達などを目的とする。

ではブランドの意義とは何であろうか？ それは顧客の視点から考えるとわかりやすい。人は「失敗するリスクを減らす」ためにブランドを利用するのである。

ここでも顧客が避けようとするリスクには2つのタイプがある。一つは最低限の品質を保証した製品を合理的に購入できないリスクであり、もう一つは前回の非常に高い満足をさらに継続できなくなるリスクである。

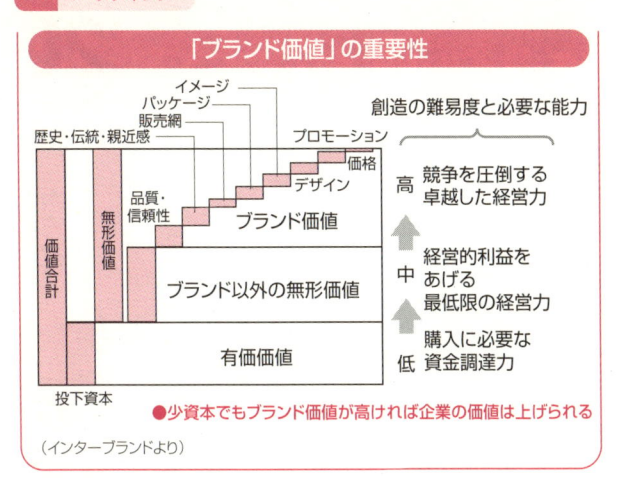

# III　マーケティング

## 「ブランド価値」の重要性

```
                  イメージ
              パッケージ
          販売網           プロモーション
歴史・伝統・親近感                  価格
                              デザイン
              品質・
              信頼性     ブランド価値
価値  無形
合計  価値     ブランド以外の無形価値

              有価価値

投下資本
```

創造の難易度と必要な能力

高　競争を圧倒する卓越した経営力

中　経営的利益をあげる最低限の経営力

低　購入に必要な資金調達力

● 少資本でもブランド価値が高ければ企業の価値は上げられる

（インターブランドより）

## 顧客がブランドを必要とする2つの理由

### 1　最低限の品質保証の約束

- UNIQLO
- 吉野屋
- Macdonald

### 2　最高級の高い満足を継続する約束

- LOUIS VUITTON（ルイ・ヴィトン）
- G.Armani

Ⅲ マーケティング

## 20 結果のブレは前提に戻って対応せよ
――マーケティングのスパイラル分析

経営戦略の立案プロセスと同様、マーケティングでも全ての戦略要素は、良くても悪くても循環しなくてはいけない。スパイラル循環には3つの使い方がある。最初の2つの使い方はプランを立てるときに出てくる。

● 1つ目の使い方
そもそものメインシナリオを作る時、

環境分析
←

セグメンテーションおよびポジショニング
←

4Pのマーケティングミックスの設定

という順序で行なうが、そのプロセスのどこかで整合性がとれなくなったら、前のプロセスに戻って、おかしい前提を修正し、また次のプロセスに進む。

● 2つ目の使い方
メインシナリオを作った後で、そのシ

# III マーケティング

ナリオに対して顧客・競合がどんなリアクション（対応）をするかを想定し、それに対してさらに自社はどんな対応をすべきか、またそれに顧客・競合はどんなリアクションをするか……という循環も考えておかねばならない。

せめて、自社が最初のアクションをとった後（たとえば新製品を出した後）の競合の次の次のリアクションまで想定したい。

● 3つ目の使い方

3つ目の使い方は、実際に顧客・競合がリアクションをしたら、それに合わせて柔軟に対応するという循環である。この時もただやみくもに対応するので

はなく、自社の最初の戦略の前提と何が合っていて、何が合っていなかったのか。どうして顧客・競合が現在のリアクションになったのかを確認すべきである。

【キリン「極生」発売後のリアクション】

2002年6月24日付の『日経産業新聞』によれば、大手メーカー4社が6月21日（金）に発泡酒の価格を引き下げたとのこと。店頭価格が100円を切る店も現れたという。

キリンビールが2002年2月に広告宣伝費を切りつめるなどして、10円安い350ml缶135円の「キリン極生〈ゴクナマ〉」を発売したのが火付け役になって、他社も10円の価格引き下げに動い

た結果である。

しかし、この発泡酒の価格競争の結果、キリンビールは主力商品の「麒麟淡麗〈生〉」の価格も6月21日から10円下げざるを得なくなってしまった。「キリン極生〈ゴクナマ〉」もさらに値下げして130円になったという。

このことは、キリンビールにとって3つの意味で考えるべき問題がある。

一つ目は、「極生」の収益シミュレーションが崩れた可能性があること。

二つ目は、(おそらく)10円安想定のコスト構造ではない「麒麟淡麗〈生〉」の価格が下がったため、発泡酒の主力商品である「麒麟淡麗〈生〉」の収益シミュレーションも狂った可能性があるこ

と。

三つ目は、発泡酒の価格低下にさらに拍車がかかったため、ビールの売上低下にも一層の拍車がかかる可能性があることだ。

業界で最も体力があるキリンビールにとって、低価格での勝負が良いか悪いかは経営戦略の議論になるが、「極生」発売前に、わずか4カ月後の価格戦争の激化がはたして想定されていただろうか？ 簡単に予測できると思うかもしれないが、実際は現状の市場の動きだけに反応し戦略を立てている企業は多い。

ヘボ将棋でも三手先まで読み、達人は数十手といわれるのに、ビジネス戦略立案で二〜三手先も読めないのはなぜか？

## III マーケティング

将棋は相手が1人で、ビジネスは変数が多いからだろうか。確かにそれもある。

しかしその複雑な変数を考える視点と定石を教えてくれるのが、MBAのフレームワークであり、あなたが創造的に先を読むための補助ツールでもあるのだ。

## マーケティングのスパイラル

**1** マーケティング環境分析

**2** 標的市場の選定

**3** マーケティングミックスの最適化

- マクロ分析
  - PEST
- ミクロ分析
  - 3C*
  - 5つの力
- SWOT分析

- セグメンテーション
- ターゲッティング
- ポジショニング

- 4P
  - Product（製品政策）
  - Price（価格政策）
  - Place（チャネル政策）
  - Promotion（プロモーション政策）

**結果が良くても悪くてもマーケティングは循環する！**

*3C:Competitor（競合）、Company（自社）、Customer（顧客）の3つをバランスよく分析する手法

## IV 組織

## 21 強い組織はどうしたら作れるか
―― 人と組織と戦略

どんなにすばらしい戦略を立てても、それが実行されなければ「絵に描いたモチ」にすぎない。

戦略の実行は組織とそれに属する人によってなされるのであるから、組織と人の問題は、時にはよい戦略を立てること以上に死活問題となってくる。

経営の視点から組織を見るときに留意すべき点は、組織マネジメントの問題と人のマネジメントの問題に集約される。

**組織マネジメントとは、経営戦略の実行に役立つ組織文化を醸成し、最も効率**的にその戦略を実行できる組織形態を作り上げることを目標とする。

それは単に組織形態という箱の入れ替えではなく、その企業の理念・ビジョンから降りてくるものでなくてはならない。

組織を考えるときに重要なのは、その組織がさまざまな外部・内部環境と相互に作用を及ぼし合いながら企業活動を進めていることである。

つまり、その組織内部の個人や集団の様々なしくみを議論の対象にするのではなく、様々

な外部のステークホルダー、自然環境、法律、制度、文化などの諸要因に、どのように働きかけ、適応し、存続と成長を図るかを考えなくてはならないということである。

この外部を含めた考えは「7S」として次項で詳しく説明する。

**組織の構成要素である「人」のマネジメントでは、仕事に対する個人のモチベーション（動機づけ）をいかに企業が提供するかが重要なテーマである。**

人は他の経営資源と違い、適切なインセンティブにより高いモチベーションを持ち、その方向性が企業の戦略と一致すると、自ら向上し、驚くほどの高いパフォーマンスを示すことがある。

そうはいっても、相手が意思を持つ複雑な人間であるがゆえに、企業の方向性と一致させながら、やる気を引き出し続けるのはそう簡単ではない。それゆえに、人材マネジメントにもさまざまな理論が提供されているのである。

MBAで標準的に教えられるものとしては、

● マズローの欲求階層理論
● X理論、Y理論、Z理論
● MBO (Management By Objective) ＝目標管理制度
● コンピテンシー理論

などがある。

特にコンピテンシー理論は比較的新し

# IV 組織

い手法で、基本的にはいかにうまく適材適所の人材配置をして、よりよいパフォーマンスを出してもらうことを目標とする。

的に測定して人材配置に活用すべきであるという理論である。

> 📖 **コンピテンシー**
> competency。成果行動。ある特定の職務で高い成果を上げる行動特性。

この理論では、コンピテンシーは、ある程度客観的に測ることができるという前提にたっている。

必要なスキル・専門知識は後天的に教育可能だが、ある職務で成果を出せるような行動を決定する内的な動機は先天的な部分が多い。したがって、それを客観

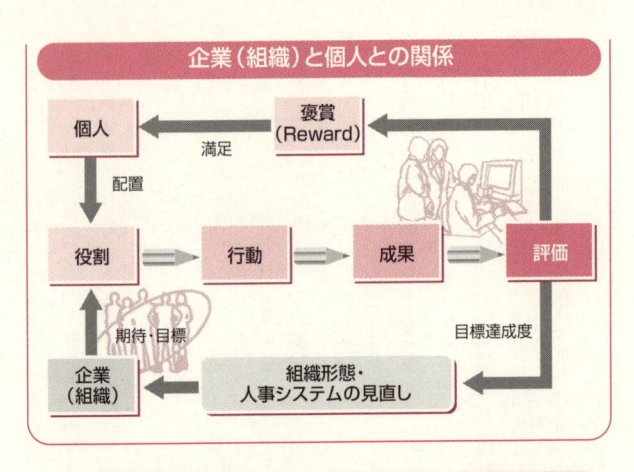

## 企業(組織)と個人との関係

個人 ← 褒賞(Reward) ← 評価
　↓満足　　　　　　　　　↑目標達成度
配置　　　　　　　　　　　
　↓
役割 ⇒ 行動 ⇒ 成果 ⇒ 評価

企業(組織) ← 組織形態・人事システムの見直し
　↑期待・目標
　役割へ

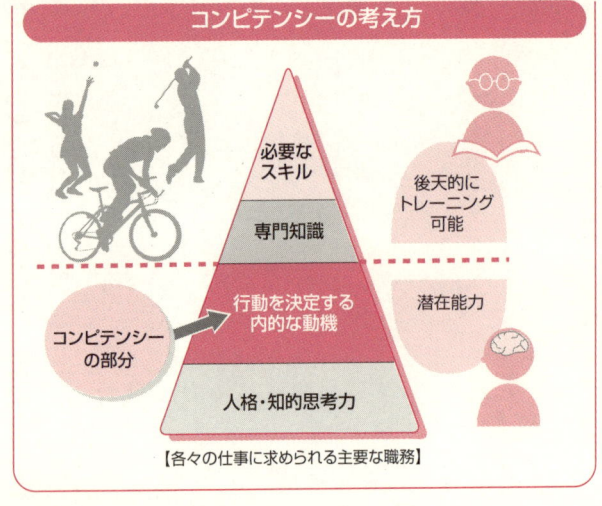

## コンピテンシーの考え方

ピラミッド（上から下へ）：
- 必要なスキル
- 専門知識
- 行動を決定する内的な動機
- 人格・知的思考力

上部（必要なスキル・専門知識）：後天的にトレーニング可能

下部（行動を決定する内的な動機・人格・知的思考力）：潜在能力／コンピテンシーの部分

【各々の仕事に求められる主要な職務】

# 22 組織のどこに注目するのか
## ——マッキンゼーの7S

### IV 組織

組織を包括的に理解するためには、マッキンゼーの「7つのS」が有効である。

| マッキンゼーの7S | | |
|---|---|---|
| 1 | 戦略（Strategy） | ハードのS |
| 2 | 組織構造（Structure） | ハードのS |
| 3 | システム（System） | ハードのS |
| 4 | 人材（Staff） | ソフトのS |
| 5 | スキル（Skills） | ソフトのS |
| 6 | スタイル（Style） | ソフトのS |
| 7 | 価値観（Shared Value） | ソフトのS |

それぞれの頭文字のSから「7つのS」と呼ばれている。

最初の3つのS、つまり戦略、組織構造、システムは「3つのハードのS」と呼ばれる。

残りの4つのS、つまり人材、スキル、スタイル、価値観は「4つのソフトのS」と呼ばれる。

「3つのハードのS」は比較的容易に、経営者の意思によって変更できるが、「4つのソフトのS」は経営者の意思では簡単に変えることができないものである。

企業経営においては、これらの要素を十分把握しておくことが大切である。

【3つのハードのS】
- **戦略**：持続的な競争優位を築くための方策
- **組織構造**：組織の形態、分権の形態
- **システム**：組織運営の仕組みやルール（情報システム、人事システムなど）。

【4つのソフトのS】
- **人材**：社員やリーダーの特性
- **スキル**：社員や組織が持つ強みとなる技能や能力
- **スタイル**：意思決定の方法や企業文化などの経営スタイル
- **価値観**：社員が共有する会社の価値観、経営理念やビジョン

## キリンビールの7S

**戦略**：ブランド力を活用してビール、発泡酒、焼酎、ワインから薬品まで幅広い品揃えで顧客の幅広いニーズに応えようと製品の多角化を推進している

**組織構造**：営業地域ごとの事業部制をとっていて、各地域の事業部長に決裁権が与えられている

**システム**：各営業地域の販売や在庫データは、リアルタイムで本社の情報システムに送信されて、本社で管理されている

**人材**：全国各地の主要大学から多様な人材を採用している。経営陣は堅実志向である

**スキル**：強いマーケティング力を持ち、消費者の嗜好の分析からの広告・宣伝を得意としている

**スタイル**：ボトムアップで消費者のニーズを捉え、経営判断に活かしている。役員自ら販売店を回ることも多い

**価値観**：伝統を重んじるなかにも、チャレンジ精神が尊重されている

## IV 組織

# 23 あなたの会社に最適な組織の形とは

## ——組織形態∶機能別組織

これから組織構造として3つの基本的な組織形態（機能別組織、事業部制組織、マトリックス組織）を取り上げる。

まず機能別組織とは、開発、製造、営業、財務、人事など経営機能別に構成された組織形態である。この組織形態は製品の種類が少ないなど、事業形態が比較的単純な組織に適している。

○【機能別組織のメリット】
- 機能ごとに情報や知識の共有が容易
- 機能ごとに専門性を高めることが容易で、スペシャリストの育成が可能
- 機能間での業務的な重複が少ないため、経営効率性が高い

×【機能別組織のデメリット】
- 各機能における利益追求に陥りがちで、全社的な利益追求を制限してしまう
- 各機能間の対立が起こりやすい
- 幅広い知識を持ったゼネラリストの育成が困難
- 最終的な意思決定がトップ・マネジメントに委ねられることが多く、意思決定に時間がかかる

## 機能別組織の例　ダイキン工業株式会社

### 連結経営機構略図
平成15年12月1日現在

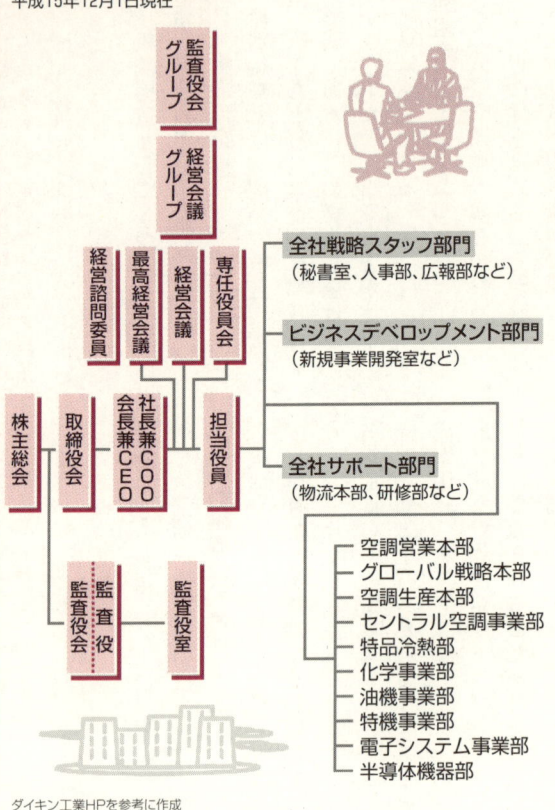

- 監査役会グループ
- 経営会議グループ
- 専任役員会
- 経営会議
- 最高経営会議
- 経営諮問委員
- 社長兼COO／会長兼CEO
- 取締役会
- 株主総会
- 担当役員
- 監査役会
- 監査役
- 監査役室

- 全社戦略スタッフ部門
  （秘書室、人事部、広報部など）
- ビジネスデベロップメント部門
  （新規事業開発室など）
- 全社サポート部門
  （物流本部、研修部など）

- 空調営業本部
- グローバル戦略本部
- 空調生産本部
- セントラル空調事業部
- 特品冷熱部
- 化学事業部
- 油機事業部
- 特機事業部
- 電子システム事業部
- 半導体機器部

ダイキン工業HPを参考に作成

# Ⅳ 組織

## 24 スピードと効率を追求するために
—— 事業部制組織、カンパニー制、マトリックス組織

### 事業部制組織

企業規模が拡大すると、機能ごとの組織では経営効率が悪くなってくる。そこで、製品・サービス、顧客、市場、地域などによって組織を分割し、事業部制組織を構築することになる。各事業部には事業本部長が置かれ、利益責任を負う。

○【事業部制組織のメリット】
- 利益責任が明確になる
- 意思決定が迅速にできる
- 分権化が促進される
- 事業部ごとの競争によって全社的な競争力が向上
- 事業経営においてマネジャーが早い時期から広範囲の意思決定に参加できるため、経営リーダーの育成が容易

×【事業部制組織のデメリット】
- 事業部間の競争意識が強く、全社的な協力体制の構築が困難になりがち
- 短期的利益思考が強まる

- 投資や業務が重複するため、経営資源の配分が非効率的になる

## カンパニー制

事業部制が、さらに事業部の独立性を強めたものがカンパニー制である。事業部が分社化しカンパニーとなり、投資などの意思決定を含む大幅な権限が委譲され、最終的な利益責任を負っている。
ソニーは製品別に細分化された以前の事業本部制から、製品ごとに3つのグループカンパニーと5つのディビジョンカンパニーに分社化した。
それにともない、50あった事業部は各カンパニーの下につけられた。また、各カンパニーにはプレジデントが置かれ、一定限度の投資権限を委譲されている。

## マトリックス組織

マトリックス組織は機能別組織と事業部制組織を組み合わせたものである。このような組織においては、社員は通常2人の上司を持つことになる。

- ○【マトリックス組織のメリット】
- 機能別組織における専門性の追求と蓄積が可能
- 事業部制組織の環境適応性、顧客適応性を享受することが可能
- 2つの役割を同時に果たすことが可能

## IV 組織

- 必要に応じて迅速な対応が可能

× 【マトリックス組織のデメリット】
- 社員が通常2人の上司を持つことから、権限や責任が曖昧化
- 2人の上司の指揮命令による混乱

　実際のところ、日本ではこの組織形態はあまり見かけない。一般にマトリックス組織は運営が難しいとされている。

　一時スウェーデンのABB社がマトリックス組織の成功例として盛んに取り上げられたが、投資の不良債権化などでABB社の事業の行きづまりが伝えられてからは、マトリックス型組織での成功例を聞くことは少なくなった。

### 3つの組織形態のイメージ

**マトリックス組織**: 本社 — 開発・製造・販売 × 製品A・製品B・製品C

**カンパニー制**: 本社 — プレジデント（複数）— カンパニー

**事業部制**: 社長 — 事業部長（複数）— 事業部

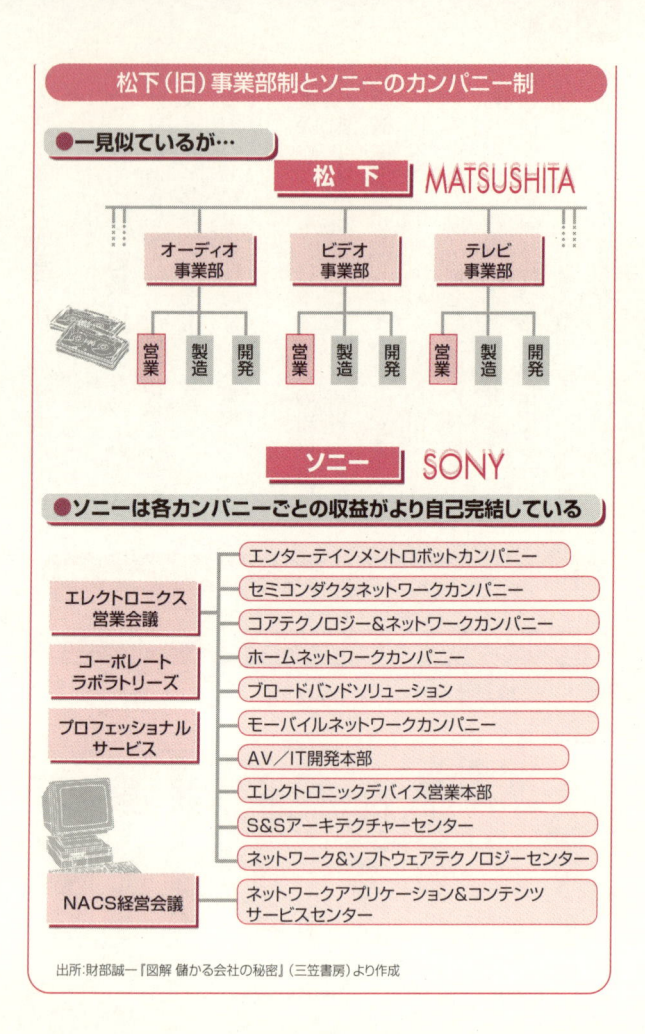

## 松下(旧)事業部制とソニーのカンパニー制

● 一見似ているが…

**松下** MATSUSHITA

- オーディオ事業部
  - 営業 / 製造 / 開発
- ビデオ事業部
  - 営業 / 製造 / 開発
- テレビ事業部
  - 営業 / 製造 / 開発

**ソニー** SONY

● ソニーは各カンパニーごとの収益がより自己完結している

| 組織 | カンパニー／本部 |
|---|---|
| エレクトロニクス営業会議 | エンターテインメントロボットカンパニー |
| | セミコンダクタネットワークカンパニー |
| | コアテクノロジー&ネットワークカンパニー |
| コーポレートラボラトリーズ | ホームネットワークカンパニー |
| | ブロードバンドソリューション |
| プロフェッショナルサービス | モーバイルネットワークカンパニー |
| | AV／IT開発本部 |
| | エレクトロニックデバイス営業本部 |
| | S&Sアーキテクチャーセンター |
| | ネットワーク&ソフトウェアテクノロジーセンター |
| NACS経営会議 | ネットワークアプリケーション&コンテンツサービスセンター |

出所:財部誠一『図解 儲かる会社の秘密』(三笠書房)より作成

# IV 組織

## 25 強い組織は文化を育て、文化に育てられる
—— 組織文化とその形成プロセス

組織文化は各社員の価値観・行動に強い影響を及ぼす。その企業の理念・戦略を正しく反映した組織文化は、他社が真似をしにくい競争優位性につながり、逆境を切りぬける支えにもなる。

そのため、どのような企業文化が形成、維持、更新されるかは、企業の業績に直接的につながってくることも多いのである。

組織文化は自然発生的にできてくるもので、コントロールできないものと思われがちだが、その形成プロセスを知ることにより、望ましい組織文化の形成を促し、また変革することは可能なのである。

組織文化は公式・非公式なさまざまな要素により、複合的に形成される。

公式的な要素としては、明文化されたビジョン、社是・社訓や研修などがあげられるし、非公式な要素としては、まず創業者や幹部の日々の言動、成功・失敗の武勇伝など象徴的なストーリーがある。

📖 ノードストロームのエピソード

米国の著名な百貨店であるノードストローム社には、顧客重視の文化の象徴的ストーリーとして、次のものがある。

ある顧客が不良品のタイヤを返品しにきたので、即座に返金したが、実はノードストローム社はタイヤを売っていなかった。

また、組織独自の言語、さらに評価システム・人事なども組織文化を形成する重要なツールとなり得る。

経営者が自分の価値観・哲学を最もよく表現する言葉(社是・社訓)、行動、ストーリーは何かということを徹底的に考え、日々実践することは充分意味のあることである。

【株式会社ファーマネットワークの例】

製薬メーカーにはMR (Medical Representative：医薬情報担当者＝ドクターに医薬情報を提供する、製薬会社の営業マン的役割の人)というポジションがあり、そのMRを派遣したり、またはプロジェクトを請負う企業をCSO (Contract Sales Organization)とよぶ。

株式会社ファーマネットワークはそのCSOを生業として、平成12年に創設された創業3年目のベンチャー企業である。

ファーマネットワーク社の二田社長は

## IV 組織

「CSO事業は、単なる人材派遣ではなく、質の高い人材とCSOの能力を提供することが重要である」との認識から、サービス品質重視の企業文化を定着させることを狙っている。

そのためにあえて「人材派遣」ではなく、「能力提供」という言葉を使っているのだ。

また、その品質重視の姿勢を社内に浸透させるべく、既に各製薬企業に派遣しているファーマネットワーク社のMRを2カ月に1度定期的に本社に呼び集め、「ブラッシュアップ研修」を行なっている。

この研修では最新医薬知識の習得や、営業マンとしてのスキルアップの他に、品質重視の理念を再確認することも重要な目的となっている。

全国に散らばる社員を定期的に本社に呼び集め研修をするのは大変なことではあるが、品質重視の企業文化を形成するためには必要なコストと考えているという。

## 26 真に組織が変われば、結果もついてくる

### IV 組織

——組織変革のプロセス

バブル崩壊以降、上場企業倒産件数の増加傾向がしばしば報道されている。自己変革のできない企業には、市場が最後通牒を出すスピードが速くなりそのインパクトが大きくなってきている。

では組織変革という継続的かつ複雑なプロセスをどう扱えばよいのか。

レヴィン（Lewin.K）は組織のような有機的なシステムには、変化を促進しようとする推進力と、それを押しとどめようとする抑止力（小泉改革の抵抗勢力のようなもの？）が作用しており、これらの均衡が崩れた時に、新しい均衡をもとめて変革が始まると述べ、これを「場の理論（Field Theory）」とよんでいる。

そしてこの変革のプロセスを次の3つに分けている。

① 解凍：組織メンバーに変革の必要を認識させ、心理的抵抗を小さくする段階

② 変革：解凍によって動機づけられた方向に向け実際に変革を実行する段階

③ 再凍結：混沌とした状態を安定的か

# IV 組織

つ整合的な状態に収束させる段階（新しい均衡状態を定着させる）

そしてそのアプローチとして、次の3種類の方法を指摘している。

① **構造的アプローチ**：組織図、予算編成方法、規制、規則などの公式の指針と手続きの変革

② **技術的アプローチ**：作業場のレイアウト、作業方法、職務内容など作業の流れの再編成

③ **人間的アプローチ**：教育訓練、採用手続き、業務評価システムなどの再検討による、社員の態度・モチベーション・行動能力の変革

組織変革を成功させるコツとしては、極力早期に、目に見える形で、成果を出すことである。そうしたスモールヒットを積み重ねてゆくことで、社員に変革への自信をつけさせることができる。

こうした変革を触媒として推し進めるのが変革型リーダーである。変革型リーダーは組織の危機をいちはやく察知して、そのインパクトと緊急性を最も皆に共有できる形で警告する。そして新しいビジョンを人々に示し、共感を得る。変化が大きいほど、その変革プロセスでの摩擦は大きくなる。そこでの変革リーダーへのプレッシャーは大きい。ゆえに変革型リーダーにはノブレス・オブリージュの精神（リーダーとして自己犠牲も含めて義務を果たす心構え）が必要となってくる。

## 日産のV字回復

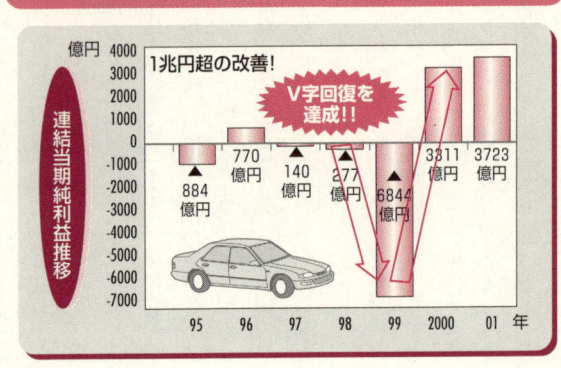

連結当期純利益推移

| 年 | 金額 |
|---|---|
| 95 | ▲884億円 |
| 96 | 770億円 |
| 97 | ▲140億円 |
| 98 | ▲277億円 |
| 99 | ▲6844億円 |
| 2000 | 3311億円 |
| 01 | 3723億円 |

1兆円超の改善！
V字回復を達成！！

### 変革のプロセス：

**①解凍**：仏ルノー社から送り込まれたカルロス・ゴーンは、1999年の赴任直後に部門横断的な改革案作成プロジェクトを編成し、"社内の中堅メンバー"に現在日産がいかに危機的状況にあるか、脱却のために何をしなくてはいけないかを提案させることにより、危機感を共有しやすい形で醸成していった。その年の10月にはリバイバルプランを発表、トップの本気度を伝え、内外に後へは引けない雰囲気を示していった。

**②変革**：2000-2002年にかけて、これまでの日本企業では考えられない大胆な施策を次々に断行。例えば、国内の全販売網を見直し、全体の10％にあたる355の販売店を閉鎖、連結子会社の販売会社も20％近く削減し80社とした。また取引先に一律20％の価格削減を依頼し、それに応じることができない会社とは取引を停止した。さらに種々のコアビジネスを売却し5300億円のキャッシュを得た。これらの施策に対し日本のマスコミの中には相当批判的に報ずる所もあったが、ゴーンは何ら動ずることなく改革を断行していった。

**③再凍結**：ゴーンによると日産はまだ改革途上であるという。日産の変革の再凍結プロセスはまだ先のことのようである。

> 日産の改革が成功したポイントの1つは、プランの約束を確実に実現してきたこと。またその途上でスモールヒットを積み重ねてきたことにあると思われる。

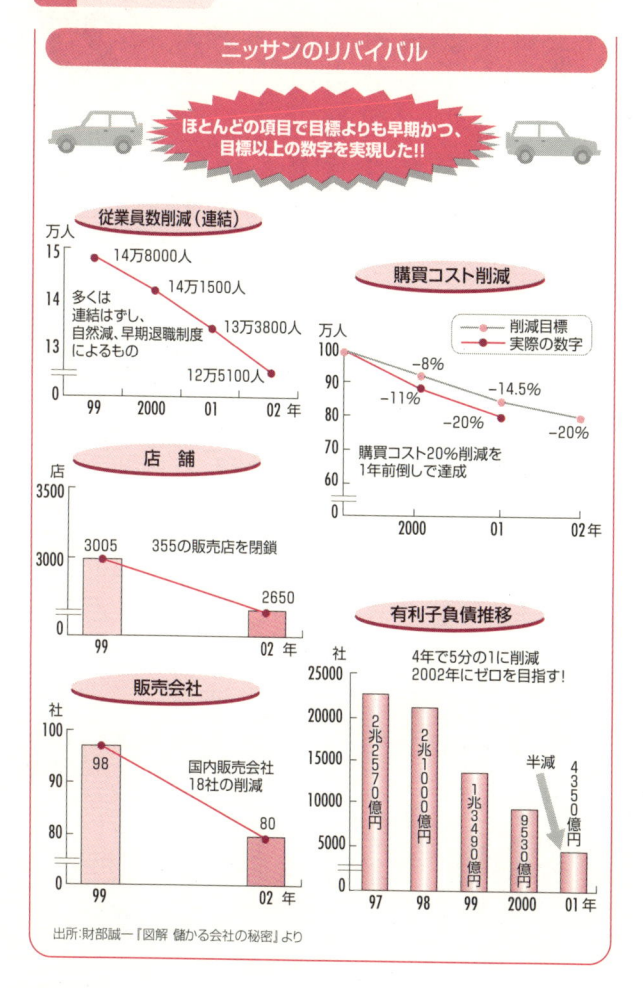

## Ⅳ 組織

### ニッサンのリバイバル

**ほとんどの項目で目標よりも早期かつ、目標以上の数字を実現した!!**

#### 従業員数削減（連結）

- 99年: 14万8000人
- 2000年: 14万1500人
- 01年: 13万3800人
- 02年: 12万5100人

多くは連結はずし、自然減、早期退職制度によるもの

#### 購買コスト削減

- 削減目標
- 実際の数字

2000年: −8% / −11%
01年: −14.5% / −20%
02年: −20%

購買コスト20%削減を1年前倒しで達成

#### 店舗

- 99年: 3005店
- 02年: 2650店

355の販売店を閉鎖

#### 販売会社

- 99年: 98社
- 02年: 80社

国内販売会社18社の削減

#### 有利子負債推移

4年で5分の1に削減
2002年にゼロを目指す!

- 97年: 2兆5970億円
- 98年: 2兆1000億円
- 99年: 1兆3490億円
- 2000年: 9530億円
- 01年: 4350億円（半減）

出所:財部誠一『図解 儲かる会社の秘密』より

## Ⅳ 組織

## ㉗ いかに社員にやる気を出させるか
――モチベーションとインセンティブ

「通常シニアマネジャーの時間の半分以上は人の問題に費やされる」といわれるほど、企業において人を動かすことは重要であり、難しい問題である。

組織の構成員にやる気（モチベーション）を持たせるには、モチベーションの源泉と、モチベーションを向上させるインセンティブ（刺激）の仕組みを知らなくてはいけない。

【働くことへのモチベーション】
人は働くことに対して、大きく分けて次の3つの動機を持っている。企業の経営者やマネジャーは、自らの組織の構成員がそれぞれどの動機にどのような相対的序列をつけているのかをよく理解したうえで、効果的なインセンティブを与える必要がある。

① 金銭的動機
働くことによって生活に必要な糧を得ようとする最も直接的な動機である。

② 集団への帰属意識とその集団の中での自己顕示（社会的動機）

# IV 組織

これは一定の価値観を共有できる集団の中で、安定した社会生活を営みたいという動機である。

いったんある会社や組織の一員となると、そこは単に安心を得て適応するだけの場ではなく、その中で目立ちたい、評価されたい、そして人によっては権力を得たいという欲求が出てくる。

### ③ 自己実現動機

学習や成長といった目的から、社会的使命感を伴うようなより高い目的まで、程度の差はあるが、人は目的を持つと、権力欲とはまた別の次元で、その目的を実現したいという希望を持つ。

## 【組織の与えるインセンティブ】

組織がその構成員のやる気を刺激するために与えるインセンティブには、大きく分けて5つのカテゴリーがある。

まずはその優先順位をどうつけるか、次にはその効果の継続性をいかに維持するかが実際の運営上の問題となる。

### ① 金銭的報酬

このインセンティブは具体的、定量的でわかりやすいが、当然のことながら高いコストを伴う。加えて、ある額の報酬を超えると限界的な効果は弱くなる傾向がある。

また、金銭的インセンティブに頼りすぎると、より高い報酬でヘッドハンテ

イングされた場合、容易に応じる可能性がある。

② **評価**
企業では、人は高く評価されることで業務に対する前向きな姿勢が出てくる。また、結果や行動に対する評価を通じて組織の目的を再確認することにもなる。地位や権限や名誉を与えることが大きなインセンティブになり得る。

③ **組織と個人との価値観の共有**
会社の経営理念や経営者の経営哲学への共鳴は、社員の組織へのコミットメントを引き出す。自らの理想と組織の目指すところが一致していると感じるとき、社員は使命感に近いものを持っ

て仕事に取り組む。

④ **自己実現の場の提供**
組織との価値観の共有とまではいかなくても、組織が常に自分をよりよい方向に育成してくれていると思ったり、自分なりに達成感を持って仕事ができているような状況では、社員は積極的に働こうとする。
教育、仕事の与え方、責任と権限の与え方によって、社員に自分を活かせる職場という意識を持たせることができる。

⑤ **職場の仲間との人間関係やリーダーの魅力などの人的要素**
気心の知れた仲間の存在は、安心感や余裕を生み、組織への帰属意識や社員

# IV 組織

## ソフトバンクのストックオプション制度

**ソフトバンクの理念**:「テクノロジーの活用により、人類の知恵と知識を共有し、創造的で幸せな社会を実現する」

**ソフトバンクにおけるストックオプション**: 次々に新規事業を創出するソフトバンクだが、インセンティブ制度においても日本で最も早くストックオプションを取り入れた会社でもある。平成7年当時では商法上、米国型のストックオプションが運用できなかったので、ワラントを使用した擬似ストックオプションを導入したという。平成11年には、純粋持株会社へ移行する企業戦略を支援するための人事制度として多段活用された。

**ストックオプションの目的**: 当時のストックオプション導入目的は以下のとおり。
 1) 企業と社員のモチベーションの合致
 2) グループ求心力の確保
 3) 社外取締役へのモチベーション

### ストックオプションの目的

- 社外取締役
- 社長
- 従業員
- グループ企業

3 社外取締役へのモチベーション
1 企業と社員のモチベーションの合致
2 グループ求心力の確保

### ストックオプションの光の側面

企業価値最大化経営を旗印に、様々な新規事業を子会社として立ち上げ、その事業運営責任者として内部・外部から優秀な人材を登用していたが、実際に株価が急上昇し、子会社上場の可能性が大きく見えたときには、企業の社員のモチベーションのベクトルが合致し、膨大なエネルギーとなった。

### ストックオプションの陰の側面

急激な株価上昇により、ストックオプションの期待値が増大しすぎたために、新事業で新たな付加価値を作りたいという思いの人材のみでなく、金銭的リターン優先の人の流入も増加。株価が下落傾向になり、子会社の上場可能性が薄くなるとストックオプションのインセンティブ効果が減少(結果として、ソフトバンクの理念に真に共鳴した人が残って体質が強化されたとも言われている)。

の活力の源泉となり得る。また、リーダーの魅力によって、社員を組織目標の達成に駆り立てることもできる。組織のアウトプットを高めるようなインセンティブ体系も必要である。

インセンティブの設計時に留意しなければならないのが、その長期と短期のバランスと、個人とチームのバランスであろ。

金銭的インセンティブで短期のものは、歩合・報奨金・賞与・報奨旅行などであろうし、長期のものは昇給・退職金・企業年金・ストックオプションなどであろう。

また、部門によっては従業員同士が競争し合うようなインセンティブもあろうが、全体としては協調によって長期的に

# IV 組織

## 効果的なインセンティブとは

2002年2月、米系コンサルティング会社のプライスウォーターハウスクーパースGHRS（現・中央青山PwCコンサルティング（株）HRソリューション室）が日本企業の職場でのやる気の源泉に関して、昇進・昇格、会社の成長性など16項目にわたって優先順位のアンケートを実施し、その結果をまとめた。「大変よくあてはまる」（7点）から「全くあてはまらない」（1点）まで7段階で回答させ、集計したところ、最も平均点の高かった項目は「仕事への達成感」（5.97点）であり、「報酬」「周囲の評価」を上回った。最も低かったのが「雇用の安定」で、4.8点だった。

| 順位 | 項目 | 平均点 | 順位 | 項目 | 平均点 |
|---|---|---|---|---|---|
| 1 | 仕事への達成感 | 5.97 | 9 | 責任のある仕事 | 5.30 |
| 2 | 報酬 | 5.91 | 10 | 挑戦機会 | 5.29 |
| 3 | 周囲の評価 | 5.84 | 11 | 職場の人間関係 | 5.24 |
| 4 | 公平な評価 | 5.82 | 12 | 権限委譲 | 5.18 |
| 5 | 仕事を通じた個人の成長 | 5.63 | 13 | 会社の方向性 | 4.99 |
| 6 | 上司のリーダーシップ | 5.42 | 14 | オフィス環境 | 4.96 |
| 7 | 会社の成長性 | 5.37 | 15 | 会社の評判 | 4.89 |
| 8 | 昇進・昇格 | 5.36 | 16 | 雇用の安定 | 4.80 |

## 28 社員は正当な評価を欲している
### ——業績評価システム

**IV 組織**

【評価システムの問題】

前項では組織の構成員がやる気を出すインセンティブについて検討したが、どんなに精緻に、魅力的なインセンティブシステムを作っても、業績評価システムがそれに呼応してバランスよく作られていなければ意味がない。

業績評価システムを構築する上でまず注意しなくてはならないのは、インセンティブシステム以上に業績評価システムは企業間の差が大きくなる可能性があるということである。

業績評価はある目的を基準に行なわれるはずであるが、その目的は企業の戦略により異なってくるからである。

たとえば、歴史の浅い成長途上の会社は新規開拓が戦略上重要なので、どれだけ新規開拓をしたかが業績評価上優先順位が高くなってくるだろう。

しかし、安定成長期にはいった企業は、いかに効率よく既存顧客を維持し、その売上を高めてゆくかが業績評価上の高優先順位項目であろう。

つまり企業ごとに最適な業績評価シス

# IV 組織

テムは変わってくるのである。

次に留意しなくてはいけないのが、評価システムには2つの目的があり、自社のシステムがその2つの目的に適合しているかどうかということである。

その目的の一つは**業績評価**(インセンティブへ反映させること)で、もう一つは**能力開発**(フィードバック)である。

業績評価における項目作りのポイントは納得できるか否かである。

また評価が能力開発のフィードバックに用いられる場合、項目が具体的に多数あり、対象者へのアドバイスが的確にできるようになっていることがポイントとなる。

## 【パフォーマンス評価の正確性】

まず業績評価の正確性には限界があり、100％皆が納得するものを定量的につくるのは不可能である。

業績評価が正確であることは望ましいが、全てを定量的に個人の評価に落とし込むことはできない。

したがって、どんなに精緻に評価項目を作成しても、その評価には主観が入ることになり、結果、個人の判断によるブレは生じてくる。

とはいえ、できる限り納得性を高めるためには以下の要素が必要となろう。

① 被評価者は直接評価できる立場の人を評価者とする。

② 評価者が、被評価者と接触する機会

③多面的に評価する。

これらを実践するのはなかなか大変だが、業績評価には時間とコストをかけるだけの価値は充分にある。

【戦略と業績評価システムの関係】

業績評価システムは企業の戦略に適合すべきである。「環境にやさしい企業」というブランドを作ろうとするキヤノンの取り組み事例を図で見てみよう。

突然、新しい基準を個人評価に適用すると混乱が生じる可能性が高いので、個人の給与・賞与には反映されていない。しかし、長期的な個人評価には影響してきそうなニュアンスを感じさせている。

### 業績評価の割合もアップ！

**従来**: 200点満点中 15点 (7.5%)

環境対策の配点をアップ

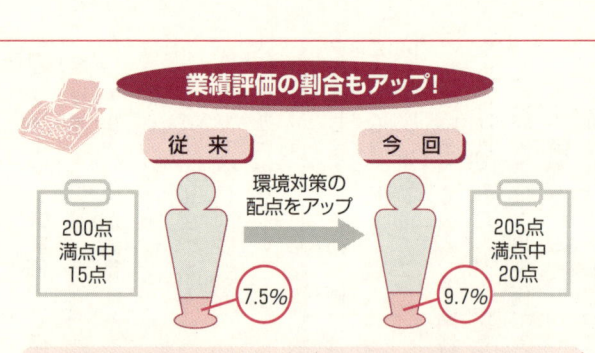

**今回**: 205点満点中 20点 (9.7%)

● 同社の業績評価システムは社員の給与や賞与に直接反映しないが、業績評価の結果は年2回公表し、各部門の位置付けを自ら確認でき、社内での順位を明らかにすることで、自主的な改善を促す狙い。

# IV 組織

## キヤノンの取り組み

キヤノンは、従来行なっていたリサイクルなど環境対策への取り組みを業績評価に反映する制度を、全部門に広げた。現在導入している事業本部と生産関連事業所に加え、これまでは担当する国や地域によって環境規制やインフラに差があるため、評価から外していた販売部門にも導入することを決定。同時に、業績評価における配点を増やすなど内容を厳しいものに変更。目標をきめ細かく設定させ、環境対策を底上げする狙い。

- 様々な環境規制が進むのに伴い、キヤノンは環境対策が製品競争力強化やリスク回避につながると判断し、2001年度に国内外の事業本部と生産関連事業所の業績評価に環境対策の項目を入れた。
- 今回、4つの地域統括会社を含む17社の販売部門に、環境管理システムの導入と使用済み製品の回収・リサイクルの評価項目を設定した。従来の6つの事業本部が対象の制度は内容を強化し、統括する生産関連事業所も従来の省エネや廃棄物削減に加え、化学物質排出の削減目標を新設した。
- また昨年度は業績評価の200点満点のうち環境対策に関する配点は15点だったが、今回の制度全面導入に伴い、205点満点中約1割の20点を環境対策に割り当てた。

環境対策に取り組もう。これも業績だ！

製品競争力強化＆リスク回避

事業本部　生産関連事業所 → 17社の販売部門にも拡大　販売部門

## Ⅳ 組織

## 29 経営者は「夢」を語れ！
——リーダーシップ

これまで、インセンティブや業績評価システムなどをいかに組織と個々人のベクトルに合わせながら、組織として最大限の力を発揮させるかについて考えてきたが、実際それらの指針をつくり、企業を率いていくのがリーダーである。

リーダーに必要なリーダーシップとは組織内の権限の有無にかかわらず、ある目的に向かって人々の行動を引き出す能力のことである。

ドリームインキュベータの堀紘一社長によれば、リーダーに必要なのは、

① 夢を考え出す力
② 夢へのアプローチを指し示す力
③ 意思決定力

であるという。

ジャック・ウェルチCEO以外にも何人かの「フォーチュン500CEO」を輩出したGE社のリーダーの条件にも、堀氏のコメントと相通じる部分があるようである。

一方、全ての組織、全てのステージに唯一絶対の最適なリーダーシップスタイルというものは存在しない。組織・状況

## IV 組織

に応じて、ふさわしいリーダーシップスタイルは異なってくるのである。

ハーシーとブランチャードは状況適応理論であるSL理論(Situational Leadership Model)によって、いくつかのリーダーシップスタイルの類型を提示している。

SL理論では、リーダーシップの有効性は部下の成熟度によって変化すると考えられている。

「仕事志向」と「人間志向」に分けたマトリクスにおいて、部下の成熟度によってそれぞれのウエイトが変化する。

1. 部下の成熟度が低い時、仕事志向を強めて人間志向を弱める指示的リーダーシップ (Telling) が有効

2. 部下の成熟度が上昇すると、仕事と人間志向を共に強めた説得的リーダーシップ (Selling) が有効

3. 部下の成熟度がより高まると、人間関係をより強めた相談的リーダーシップ (Participating) が有効

4. 部下の自立が完了する時期には、仕事志向と人間志向を弱めた委任的リーダーシップ (Delegating) が有効

## V 会計

## 30 会計を知らずして意思決定はできない
――財務会計と管理会計

会計（アカウンティング）とは、企業経営の結果をその利害関係者に対して説明（アカウント）するための活動である。

会計には、株主、債権者、取引先など企業外部の利害関係者に対して経営の結果を報告することを目的とした「財務会計」と、企業内部の経営関係者に対して経営上の意思決定のために必要な情報を提供することを目的とした「管理会計」がある。

最近では、2001年12月に起こったアメリカのエネルギー会社エンロンの破綻をきっかけに、会計の問題が大きく取り上げられた。

エンロンの負債総額は400億ドルを超え、アメリカ史上最大規模の倒産となった。エンロンは投資運用に失敗して巨額の簿外債務を抱え、会計に対する信頼性を大きくゆるがした。

エンロンの会計監査をしていた、世界5大会計事務所の一角といわれ2万8000人の従業員を抱えるアンダーセンは、89年の歴史に幕を閉じることになった。

# V 会計

日本国内においてもエンロンの破綻は、巨額の簿外債務を知らずにエンロン債に投資していたMMF（マネー・マーケット・ファンド）の元本割れを引き起こし、金融問題にもなった。

エンロン事件に見るように、投資や融資また企業取引において、会計の信頼性が保たれることは非常に重要である。また重大な会計情報を知らないと、企業経営者の意思決定を誤らせる原因にもなる。

企業経営において、公正な会計と経営者の会計に対する十分な理解は不可欠である。

以下に、主要財務3表とよばれる

- **損益計算書**（P/L：Profit & Loss）

## ずさんな決算数字に投資家は「ノー」

**IBMの営業利益**（億ドル）
- 1990年1〜9月期：会計発表額 約90、推定 約65

**IBMの1株当たり利益**（ドル）
- 2001年10〜12月期：会計発表額 約1.35、推定 約1.2

**インテルの純利益**（億ドル）
- 2001年：プロフォーマ方式 約37、一般会計基準 約12

正しい会計を知らないと実態を見失う。特に米国ではプロフォーマ（実質利益）という基準を使う会社が多く、一般会計基準とギャップが出ることも多い。

出所：日経ビジネス（2002／4／1）

- **貸借対照表**（B/S：Balance Sheet）
- **キャッシュフロー計算書**（C/F：Cash Flow Statement）

を中心に、主要な項目について解説していく。また、このような財務データを活用した財務分析についても検討していこう。

（注）伝統的には財務諸表というと損益計算書・貸借対照表をさしていたが、近年はキャッシュフロー計算書を主要財務諸表に含めて考えるようになってきている。

# V 会計

## 財務3表の関係

### B／S、P／L、C／Fは以下のように密接な相互関係にある

#### 貸借対照表（B／S）

- 会社ができてから今回の決算までにどのように財産を蓄積（ストック）してきたかの「財産状況」

| 資産 | 負債 |
|---|---|
| ・流動資産<br>・現金及び<br>　現金等価物<br>・受取手形<br>・固定資産 | ・流動負債<br>・固定負債 |
| | **株主資本**<br>・資本金<br>・法定準備金<br>・剰余金<br>（うち当期未処分利益） |

決算という一時点での「ストック」

#### キャッシュフロー計算書（C／F）

- 会社の現在のキャッシュの流入と流出の状況

営業活動キャッシュフロー
投資活動キャッシュフロー
財務活動キャッシュフロー

（現金及び現金等価物）

#### 損益計算書（P／L）

- 会社が過去一年間でどれだけ稼いだ（損をした）か。

売上高
売上原価
売上総利益
営業利益
経常利益
当期利益
（当期未処分利益）

P／LとC／Fは過去1年間の活動をフローという流れで見ている。

# Ⅴ 会計

## ㉛ この期間、いくら稼いで、いくら損をしたのか
―― 損益計算書（P／L：Profit & Loss Statement）

損益計算書（P／L）は、一定期間の企業経営活動の結果として、いくら稼いだ（損をした）かを表す。

期間は通常1年単位で、その開始月（または決算期）は任意で決められるが、会計は継続性を非常に重要視するので一度決めた決算期を変えることはまれである。

ちなみに、日本の企業は3月決算の企業が多い。また、中間期決算は、半年間分の損益計算を指し、そのときに通年の予測や修正なども発表する。

1年間の企業活動の結果が損益計算の基本であるといったが、経営管理上は月次にブレイクダウンした予算を作り、毎月その予算と実績を照らし合わせて、ビジネスが計画どおり進んでいるかを確認する（この予実差確認はもちろんキャッシュフロー計算書でも行なわれる）。

先進企業ではこの管理スパンを週次にして迅速な経営の意思決定に役立てているが、ソフトバンクなどソフトウエア流通業においては、この管理を週次からさらに日次レベルまでおとしこみ「日次決算」を実践しているところもある。

# V 会計

**利益の種類**

### 1. 売上総利益
- 売上総利益とは、売上高から売上原価を差し引いたもの。粗利益とも呼ばれる。
- 売上原価とは、販売した製品の原価。期首製品棚卸高に今期の製品製造原価(商品仕入高)を加えて期末製品棚卸高を引いて計算される。
- 製品製造原価には、原材料や部品の代金に加えて、生産スタッフの人件費や機械の減価償却費など製造に直接関係した費用が含まれる。

### 2. 営業利益
- 営業利益とは、売上総利益から販売費及び一般管理費を引いたもので、企業本来の営業活動による利益。
- 販売費には、販売スタッフの人件費や広告宣伝費などが含まれる。
- 一般管理費には、総務・経理スタッフの人件費、オフィスの賃貸料や光熱費などが含まれる。

### 3. 経常利益
- 経常利益とは、営業利益に営業外収益を加えて営業外費用を引いたもの。
- 営業外収益には、受取配当金や受取利息など営業活動以外の経常的な収益が含まれる。
- 営業外費用には、支払利息、社債利息、割引料など営業活動以外の経常的な費用が含まれる。

### 4. 税引前当期利益
- 税引前当期利益とは、経常利益に特別利益を加え、特別損失を引いたもの。
- 特別利益や特別損失は、日常の活動以外の臨時的に発生した損益、または前期以前の損益修正による損益。
- 不動産の売却や持合株式の売却などによる利益は特別利益に、損失は特別損失に区分される。

### 5. 税引後当期利益
- 税引後当期利益とは、税引前当期利益から法人税等(法人税、住民税、事業税)を引いたもの。

## 損益計算書の構造

**収益 − 費用 = 損益(損失)**

| 収益(In)は主に3種類 | 費用(out)は主に4種類 | 利益とは主に5種類 |
|---|---|---|
| ① 売上高 | ① 売上原価・製造原価 | ① 売上総利益(粗利) |
| ② 営業外収入 | ② 販売費及び一般管理費 | ② 営業利益 |
| ③ 特別収益 | ③ 営業外費用 | ③ 経常利益 |
|  | ④ 特別損失 | ④ 税引前当期利益 |
|  |  | ⑤ 当期利益 |

(単位:百万円)

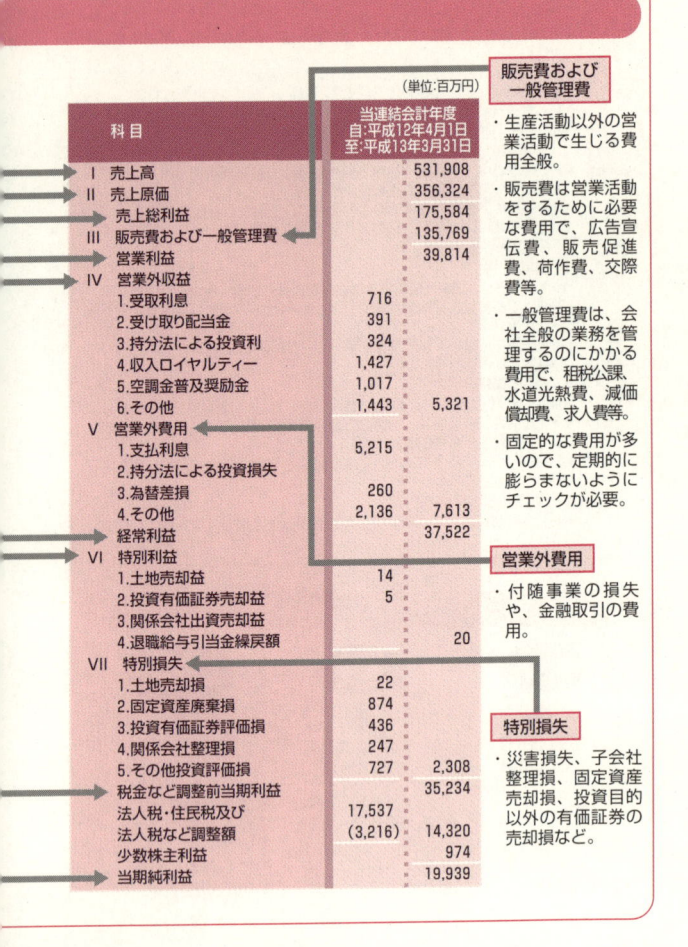

| 科目 | | 当連結会計年度<br>自:平成12年4月1日<br>至:平成13年3月31日 |
|---|---|---|
| I 売上高 | | 531,908 |
| II 売上原価 | | 356,324 |
| 売上総利益 | | 175,584 |
| III 販売費および一般管理費 | | 135,769 |
| 営業利益 | | 39,814 |
| IV 営業外収益 | | |
| 1.受取利息 | 716 | |
| 2.受け取り配当金 | 391 | |
| 3.持分法による投資利 | 324 | |
| 4.収入ロイヤルティー | 1,427 | |
| 5.空調金普及奨励金 | 1,017 | |
| 6.その他 | 1,443 | 5,321 |
| V 営業外費用 | | |
| 1.支払利息 | 5,215 | |
| 2.持分法による投資損失 | | |
| 3.為替差損 | 260 | |
| 4.その他 | 2,136 | 7,613 |
| 経常利益 | | 37,522 |
| VI 特別利益 | | |
| 1.土地売却益 | 14 | |
| 2.投資有価証券売却益 | 5 | |
| 3.関係会社出資売却益 | | |
| 4.退職給与引当金繰戻額 | | 20 |
| VII 特別損失 | | |
| 1.土地売却損 | 22 | |
| 2.固定資産廃棄損 | 874 | |
| 3.投資有価証券評価損 | 436 | |
| 4.関係会社整理損 | 247 | |
| 5.その他資産評価損 | 727 | 2,308 |
| 税金など調整前当期利益 | | 35,234 |
| 法人税・住民税及び | 17,537 | |
| 法人税など調整額 | (3,216) | 14,320 |
| 少数株主利益 | | 974 |
| 当期純利益 | | 19,939 |

**販売費および一般管理費**

・生産活動以外の営業活動で生じる費用全般。

・販売費は営業活動をするために必要な費用で、広告宣伝費、販売促進費、荷作費、交際費等。

・一般管理費は、会社全般の業務を管理するのにかかる費用で、租税公課、水道光熱費、減価償却費、求人費等。

・固定的な費用が多いので、定期的に膨らまないようにチェックが必要。

**営業外費用**

・付随事業の損失や、金融取引の費用。

**特別損失**

・災害損失、子会社整理損、固定資産売却損、投資目的以外の有価証券の売却損など。

# V 会計

## ダイキン工業株式会社の第98期の損益計算書の例
(有価証券報告書より)

### 売上高
- 製品販売およびサービス提供の代金。企業の規模を表す。

### 売上原価
- 会社の主目的にしている営業活動による売上高を得るためについやした費用。
- 製造業の場合、在庫の管理がキーポイントになる。

### 売上総利益
- 売上から変動費である売上原価を引いた利益。

### 営業利益
- 本業の事業活動で得たもうけを示す。本業がうまく回っているかを見るのに使う。

### 営業外収益
- 本業以外のサイドビジネス、金融取引による収入を示す。

### 経常利益
- 本業と本業以外の収益／損益を合わせた会社の利益を示す。その会社の総合力を見ることができる。

### 特別利益
- 土地売却のような臨時の収益。前期決算の修正等、時間を超えた収入も反映される。

### 税引前当期利益
- 税金を引く前の利益。

### 当期純利益
- 税引前当期利益から税金を引いた、その年の最終的なもうけ。

# 32 会社の財産はいまどれくらいあるのか
## ―― 貸借対照表（B／S：Balance Sheet）

V 会計

貸借対照表（B／S）は、企業のある一時点（決算日など期末時点）の財政状態を表す。これによって会社が設立されてからその一時点の決算時までに、財産をどのように蓄積（ストック）してきたかという「財産状況」を知ることができる。

貸借対照表は、企業が使用している資金の調達源を表す負債の部と資本の部、その資金の運用形態を示す資産の部によって構成される。

したがってこの構成を見れば、会社がどこからどのように資金を集め、どのように使ってきたかがわかる。

さらに、実は使っていたお金の大部分が借入金であるとか、財産（資産）から借金（負債）を差し引いた正味財産（資本）がマイナスになっている（債務超過）といった会社の健康状態を測ることができる。

（注）貸借対照表の並べ方にはルールがあり、左に資産、右上に負債、右下に資本を並べる。また、負債も

# V 会計

資金も簡単に現金化できるものから順に上から並べることになっている。

また、1年基準では、期限が1年以内に到来するものを「流動」、1年を超えて到来するものを「固定」に分類する。

## 【資産の部】

資金の運用形態を示す資産の部は、

① **流動資産**
② **固定資産**
③ **繰延資産**

に区分される。また、流動資産と固定資産の分類には正常営業循環基準と1年基準が適用される。正常営業循環基準では、「原材料仕入、生産、販売、代金回収」というサイクルを基準として、この過程にあるものは回収期間の長さに関わらず「流動」として分類する。

## 【負債の部】

企業が必要とする資金のうち、外部から調達されたものを負債という。負債にも資産と同様に正常営業循環基準と1年基準が適用され、以下のように分類される。

① **流動負債**
② **固定負債**
③ **引当金**

## 【資本の部】

資本は、企業活動のために株式発行に

よって調達された資金と、企業活動によって獲得された利益の合計である。

① **資本金**
② **法定準備金**
③ **余剰金**

ちなみに借金である負債は、もともと他人の資金なので「他人資本」と呼び、資本のことを「自己資本」とよぶのが一般的だったが、最近は株式会社の資本は企業ではなく、株主のものであるとの認識から「**株主資本**」というよび方が広まってきた。

これは、多くの日本企業が間接金融重視から直接金融への依存度を強めたため、株主から預かっている資金を効率的・効果的に活用しなくてはいけないというプレッシャーが強まったことによる。

貸借対照表で重要なのは、冒頭に述べた会社の健康状態をチェックすることであるが、具体的にどんな企業活動をすると、貸借対照表のどの部分がどう変わるかというダイナミズムを知っておくことも、経営者として非常に重要である。

# V 会計

## 貸借対照表(B/S)の構成

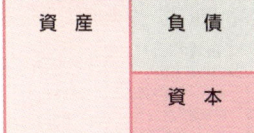

**左**　**右**

| 資　産 | 負　債 |
| | 資　本 |

**資産** = **負債** + **資本** の式からわかるように左右の合計は同じになる。

## 出来事とバランスシート(B/S)の変化

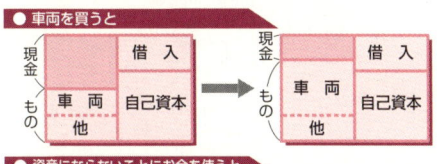

● 車両を買うと

現金／もの｜借入／自己資本　→　現金／車両・他｜借入／自己資本

現金が減って、その分ものが増える(持ち分に変化なし)

● 資産にならないことにお金を使うと

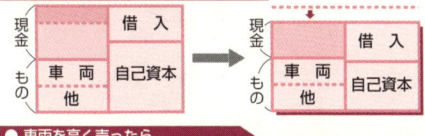

現金／車両・他｜借入／自己資本　→　現金↓／車両・他｜借入／自己資本

人を雇うために経費を使うと現金が減り、株主の持ち分も減る

● 車両を高く売ったら

現金／車両・他｜借入／自己資本　→　今までの現金／売り値／他｜借入／自己資本

簿価より高く車両が売れたら、儲けの分だけ総資産と株主の持ち分が増える

● 借入を一部返済したら

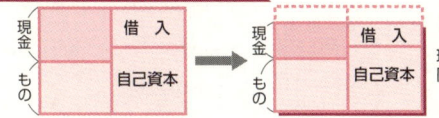

現金／もの｜借入／自己資本　→　現金／もの｜借入／自己資本

現金と借入が同額分減る

出所：相葉宏二『MBAの経営』

## ダイキン工業株式会社のバランスシート(B/S)例

(単位:百万円)

| 科目 | 金額<br>当連結会計年度<br>平成13年3月31日現在 | 構成比 | 科目 | 金額<br>当連結会計年度<br>平成13年3月31日現在 | 構成比 |
|---|---|---|---|---|---|
| | | % | | | % |
| **資産の部** | | | **負債の部** | | |
| I 流動資産 | | | I 流動負債 | | |
| 　1．現金及び預金 | 30,737 | | 　1．支払手形及び買掛金 | 65,859 | |
| 　2．受取手形及び売掛金 | 105,305 | | 　2．短期借入金 | 58,384 | |
| 　3．有価証券 | 5,064 | | 　3．コマーシャルペーパー | 6,000 | |
| 　4．棚卸資産 | 92,173 | | 　4．1年内に返済予定の<br>　　　長期借入金 | 13,123 | |
| 　5．繰延税金資産 | 9,159 | | | | |
| 　6．その他 | 14,016 | | 　5．未払法人税等 | 11,602 | |
| 　7．貸倒引当金 | △1,118 | | 　6．繰延税金負債 | 41 | |
| 　流動資産合計 | 255,338 | 56.3 | 　7．製品保証引当金 | 3,855 | |
| II 固定資産 | | | 　8．未払費用 | 20,585 | |
| (1)有形固定資産 | | | 　9．設備購入支払手形 | 7,616 | |
| 　1．建物及び構築物 | 48,317 | | 　10．その他 | 16,698 | |
| 　2．機械装置及び運搬具 | 44,438 | | 　流動負債合計 | 203,766 | 45.0 |
| 　3．土地 | 23,784 | | II 固定負債 | | |
| 　4．建設仮勘定 | 8,892 | | 　1．普通社債 | 40,000 | |
| 　5．その他 | 10,290 | | 　2．長期借入金 | 26,224 | |
| 　有形固定資産合計 | 135,724 | 30.0 | 　3．繰延税金負債 | 2,271 | |
| (2)無形固定資産 | | | 　4．退職給与引当金 | — | |
| 　1．特許権等 | — | | 　5．退職給付引当金 | 904 | |
| 　2．営業権 | 1,977 | | 　6．役員退職給与引当金 | 792 | |
| 　3．連結調整勘定 | 1,982 | | 　固定負債合計 | 70,192 | 15.5 |
| 　4．その他 | 1,957 | | 負債合計 | 273,959 | 60.5 |
| 　無形固定資産合計 | 5,918 | 1.3 | **少数株主持分** | | |
| (3)投資その他の資産 | | | 少数株主持分 | 5,257 | 1.1 |
| 　1．投資有価証券 | 44,049 | | **資本の部** | | |
| 　2．長期貸付金 | 2,344 | | I 資本金 | 28,023 | 6.2 |
| 　3．繰延税金資産 | 671 | | II 資本準備金 | 25,968 | 5.7 |
| 　4．その他 | 11,124 | | III 連結剰余金 | 122,693 | 27.1 |
| 　5．貸倒引当金 | △2,029 | | IV その他有価証券評価差額金 | 4,802 | 1.1 |
| 　投資その他の資産合計 | 56,161 | 12.4 | V 為替換算調整勘定 | △7,326 | △1.6 |
| 　固定資産合計 | 197,803 | 43.7 | 　小計 | 174,160 | 38.5 |
| III 為替換算調整勘定 | — | — | VI 自己株式 | △235 | △0.1 |
| | | | 資本合計 | 173,924 | 38.4 |
| 資産合計 | 453,142 | 100.0 | 負債、少数株主持分及び<br>資本合計 | 453,142 | 100.0 |

(平成13年時)

# V 会計

## 33 キャッシュ（現金）は会社の血液
――キャッシュフロー計算書（C／F：Cash Flow Statement）

【キャッシュフローとは何か】

キャッシュフロー（Cash Flow）とは「現金・預金などの流れ」を意味している。

企業で実際に生じた現金の流れをまとめたのがキャッシュフロー計算書である。

現金の増減は損益計算書で見るのではないかと思われる方もいるかもしれないが、損益計算書の収支と現金の収支は必ずしも一致しない。

売掛金によって現金が後から回収される場合や原材料の仕入代金は買掛金として後で支払をする場合があり、実際に企業が使えるキャッシュと損益計算書の利益との間にはギャップが生じるのである。

極端な場合、損益計算書に記載されている売上の多くが回収不能な不良債権であれば、その利益がキャッシュという形で実現されることはないのである。

損益計算書では黒字なのに、資金繰り（キャッシュ）が回らなくて企業活動が行き詰まる、いわゆる「黒字倒産」が起

こる原因はこれである。

それゆえ企業経営では、売上や利益を拡大する活動と平行して、現金収支の管理が非常に重要になってくる。この資金繰りの管理に役立つのがキャッシュフロー計算書というわけである。

【キャッシュフローの種類】

キャッシュフローの重要性が認識されたところで、具体的なキャッシュフローの説明に入ろう。

まずキャッシュフローには次の3種類がある。

① 営業活動キャッシュフロー
営業活動キャッシュフローは本業の製品・サービス取引きを対象とする。こ

れは企業存続の基盤であり、プラスであることが求められる。

② 投資活動キャッシュフロー
投資活動キャッシュフローは有価証券の取得・売却や、固定資産の取得・売却による支出・収入を反映する。

③ 財務活動キャッシュフロー
財務活動キャッシュフローは、短期・長期借り入れによる収入、短期・長期借入金の返済による支出、株主への配当金などが反映される。

【フリー・キャッシュフロー】

ここでは経営実務上最も一般的に使われる、営業活動から生じるフリー・キャッシュフローをもう少し詳しく説明した

# V 会計

い。

これは金融活動を除いた企業の事業活動によって発生するキャッシュフローから税金を差し引いたものである。

このフリー・キャッシュフローには、本来の営業活動ではない財務活動から得られるキャッシュフローが含まれないため、企業がどのような形で必要資金を調達しているかに関係なく、純粋な意味で事業から生み出されたものといえよう。

投資判断や企業価値の算定といった長期の意思決定を行なう場合には、このフリー・キャッシュフローを使用するのが一般的である。

## 【フリー・キャッシュフローの求め方】

そこでフリー・キャッシュフローの求め方であるが、会社の通常の活動から生み出された利益である「経常利益」を出発点として以下の修正を加えてゆく。

### ① 財務活動を除いた本業からの税引き前利益（EBIT: Earning Before Interest and Tax）を算出：

損益計算書の経常利益に支払い利息を加え、財務活動を除いて本業からの税引き前利益を計算する。これに実質税率をかけて、本業からの税引き後利益を算出する。

### ② 実際にキャッシュの支払いのない費用の修正：

右記の本業からの税引き後利益に以下

の費目を加える。減価償却費、営業権などの無形固定資産の償却費、種々引当金の繰入額など。逆に買掛金、支払い手形といった負債については、その増加分だけプラスとしてキャッシュフローに加える。

③ **費用ではないが、実際にキャッシュの支払いが行なわれるものの修正**：設備投資の支払額など。

④ **運転資金（ワーキング・キャピタル）の変化による修正**：会計ルールでの収益・費用とキャッシュの動きのタイムラグの修正を行なう。

売掛金、受取手形、在庫といった営業サイクルの中に出てくる資産については、その増加分をキャッシュフローのマイナスとして控除する。

# V 会計

## ダイキン工業の平成13年 連結キャッシュフロー計算書

(単位:百万円)

| 科目 | 前連結会計年度<br>自 平成11年4月1日<br>至 平成12年3月31日<br>金額 | 当連結会計年度<br>自 平成12年4月1日<br>至 平成13年3月31日<br>金額 |
|---|---:|---:|
| **I 営業活動によるキャッシュフロー** | | |
| 　税金等調整前当期純利益 | 19,418 | 35,234 |
| 　減価償却費 | 19,139 | 19,484 |
| 　連結調整勘定償却額 | 36 | 390 |
| 　貸倒引当金の増加(△減少)額 | △527 | 624 |
| 　受取利息及び受取配当金 | △759 | △1,108 |
| 　支払利息等 | 5,018 | 5,644 |
| 　持分法による投資損失(△利益) | 369 | △324 |
| 　有形固定資産廃却損 | 713 | 874 |
| 　投資有価証券売却益 | △1,632 | △5 |
| 　投資有価証券評価損 | 1,828 | 436 |
| 　関係会社整理損 | — | 247 |
| 　その他投資評価損 | — | 727 |
| 　売上債権の減少(△増加)額 | △3,222 | 6,774 |
| 　棚卸資産の減少(△増加)額 | 5,437 | △3,855 |
| 　仕入債務の増加額 | 282 | 5,870 |
| 　役員賞与の支払額 | △100 | △100 |
| 　その他 | △1,320 | △7,606 |
| 　　小計 | 44,682 | 63,309 |
| 　利息及び配当金の受取額 | 763 | 1,114 |
| 　利息の支払額 | △4,987 | △5,659 |
| 　法人税等の支払額 | △8,681 | △10,216 |
| 　営業活動によるキャッシュフロー | 31,776 | 48,547 |
| **II 投資活動によるキャッシュフロー** | | |
| 　有形固定資産の取得による支出 | △15,607 | △20,292 |
| 　有形固定資産の売却による収入 | 129 | 372 |
| 　投資有価証券の取得による支出 | △5,259 | △3,762 |
| 　投資有価証券の売却による収入 | 2,319 | 1,065 |
| 　関係会社への出資(買収を含む)による支出 | △2,786 | — |
| 　連結の範囲の変更を伴う子会社株式の取得による支出 | — | △529 |
| 　関係会社の持分の一部売却による収入 | 607 | — |
| 　その他 | 331 | △55 |
| 　投資活動によるキャッシュフロー | △20,265 | △23,202 |
| **III 財務活動によるキャッシュフロー** | | |
| 　短期借入金の純増加(△減少)額 | 658 | △20,317 |
| 　長期借入れによる収入 | 24 | 5,927 |
| 　長期借入金の返済による支出 | △8,779 | △5,785 |
| 　配当金の支払額 | △2,638 | △2,901 |
| 　少数株主への配当金の支払額 | △304 | △369 |
| 　その他 | △1 | △233 |
| 　財務活動によるキャッシュフロー | △11,039 | △23,679 |
| **IV 現金及び現金同等物に係る換算差額** | △568 | 382 |
| **V 現金及び現金同等物の増加(△減少)額** | △96 | 2,047 |
| **VI 現金及び現金同等物の期首残高** | 32,992 | 33,334 |
| **VII 新規連結に伴う現金及び現金同等物の増加額** | 438 | 99 |
| **VIII 現金及び現金同等物の期末残高** | 33,334 | 35,481 |

# V 会計

## 34 会社の実態を把握して問題点をあぶり出せ
——財務比率分析

企業の実態を把握して問題点を認識するために財務諸表分析が有効である。具体的には、収益性、安全性、効率性の3つの視点で財務分析をすることが多い。

バランスのよい財務分析をするポイントとしては、まず売上高と利益の絶対値を他社との比較で見て、どのくらいの位置にいるのかを把握することである。

同時に、売上高と利益の絶対値の推移によって、大きなトレンドをつかんでおくことも必要である。

そもそも相当大きな企業で成熟期にあるのか、まだ売上の小さいベンチャーで急速に成長中の会社なのかによって、財務分析の比率の語りかけてくる意味が変わってくることも少なくない。

では、具体的に財務比率分析を見てみよう。比率分析はその目的により大きく次の4つに分類できる。

### ①総合力分析

最も基本となる分析。企業の投入した資金がどの程度利益に結びついているかを測定する。具体的には総資本事業利益率（ROA）と自己資本利益率

# V 会計

(ROE)であり、これらが高い場合は総合的な収益力の高い会社といえよう。

## ② 収益性分析

企業が利益を生み出す力を構造的な面から測定するものである。売上高総利益率、売上高営業利益率、売上高経常利益率、売上高当期利益率がある。

## ③ 効率性分析

同じ売上をあげるために、投入あるいは拘束されている資金をどれだけ減らすことができているかを分析することで、資金的な効率性を測定する。具体的には、総資産回転率、売上高債権回転率、在庫回転率、仕入債務回転率がある。

## ④ 安全性分析

負債あるいは資本の構成が安定しているかどうかを分析することによって、資金的な安定性、余裕度を測定する。具体的には、自己資本比率、流動比率、当座比率、固定比率、固定長期適合率、手元流動性、インタレスト・カバレッジ・レシオなどである。

それぞれ簡単な計算式は次頁の図の通りである。

実際の計算時には比率分析の4分類を頭にいれた上で、財務3表ごとに分析をしたほうが簡便であろう。

# 重要な指標

## 総合力分析

| | |
|---|---|
| ROA（総資本事業利益率） | ROA＝経常利益÷総資産 |
| ROE（自己資本利益率） | ROE＝当期利益（税引後利益）÷自己資本 |

## 収益性分析

| | |
|---|---|
| 売上高総利益率 | 売上高総利益率＝売上総利益÷売上高 |
| 売上高営業利益率 | 売上高営業利益率＝営業利益÷売上高 |
| 売上高経常利益率 | 売上高経常利益率＝経常利益÷売上高 |
| 売上高当期利益率 | 売上高当期利益率＝当期利益÷売上高 |

## 効率性分析

| | |
|---|---|
| 総資産回転率（回転期間） | 総資産回転率＝売上高÷総資産<br>総資産回転期間＝総資産÷（売上高÷365） |
| 売上債権回転率（回転期間） | 売上債権回転率＝売上高÷売上債権<br>売上債権回転期間＝売上債権÷（売上高÷365） |
| 在庫回転率（回転期間） | 在庫回転率＝売上原価÷棚卸資産<br>在庫回転期間＝棚卸資産÷（売上原価÷365） |
| 仕入債務回転率（回転期間） | 仕入債務回転率＝売上原価÷仕入債務<br>仕入債務回転期間＝仕入債務÷（売上原価÷365） |

## 安全性分析

| | |
|---|---|
| 自己資本比率 | 自己資本比率＝資本÷（負債＋資本） |
| 流動比率 | 流動比率＝流動資産÷流動負債 |
| 当座比率 | 当座比率＝当座資産÷流動負債<br>（当座資産には現金預金、受取手形、売掛金、有価証券などが含まれる） |
| 固定比率 | 固定比率＝固定資産÷自己資本 |
| 固定長期適合率 | 固定長期適合率＝固定資産÷（固定負債＋自己資本） |
| 手元流動性 | 手元流動性＝現金預金＋短期所有の有価証券<br>手元流動性＝（現金預金＋短期有価証券）÷（売上高÷365） |
| インタレスト・カバレッジ・レシオ | インタレスト・カバレッジ・レシオ<br>＝（営業利益＋金融収益）÷支払利息 |

出所:西山茂『MBAアカウンティング』ダイヤモンド社より作成

# V 会計

## ダイキン工業の財務比率分析（その1）H13年度

ここでは大前提となる売上規模と伸び、ついで収益力を見る。推移を見るためには5年程度のスパンで見る必要がある。

|  |  | 単位 | H9年度<br>H10年3月期 | H10年度<br>H11年3月期 | H11年度<br>H12年3月期 | H12年度<br>H13年3月期 | H13年度<br>H14年3月期 |
|---|---|---|---|---|---|---|---|
| 売上高 |  | 億円 | 4,625 | 4,643 | 4,631 | 5,319 | 5,388 |
|  | 昨年対比成長率 | % | − | 0 | 0 | 15 | 1 |
| 経常利益 |  | 億円 | 138 | 157 | 203 | 375 | 403 |
|  | 売上高経常利益率 | % | 3.0 | 3.4 | 4.4 | 7.1 | 7.5 |
| 当期利益 |  | 億円 | 55 | 62 | 105 | 199 | 179 |
|  | 売上高当期利益率 | % | 1.2 | 1.3 | 2.3 | 3.7 | 3.3 |

売上高が4500億円を超えるパッケージエアコンでは40％近いマーケットシェアを持つ空調機器大手企業であるダイキン工業は、売上高はH9,10,11年と横ばいであったものが、H12年に再び成長を見せる。ここで特筆すべきは、同時に利益率の向上もなされてきたことである。H9年には3％程度と日本の製造業としては平均的な経常利益率が、H13年度には7.5％と倍以上になっており、当期利益率もH9年の1.2％からH13年には3.7％となり、収益性が順調に向上していることがうかがえる。売上規模の成長と、利益率の成長を同時に達成するのは通常困難である。その点でダイキンが非常に優秀な会社であることが伺える。
ではこの改善は本業からきているのか、それとも財テクからきているのであろうか？　それは営業利益率の推移を見ればわかる。紙面の関係でこの表には入れていないが、H11年度からH12年度にかけて営業利益率も5.6％から、7.5％へと改善していることから、この利益率の改善は本業からきていることが判明する。

# ダイキン工業の財務比率分析（その2）

(単位:百万円)

| 科目 | 当連結会計年度<br>平成13年3月31日現在<br>金額 | 構成比 |
|---|---:|---:|
| **資産の部** | | % |
| Ⅰ 流動資産 | | |
| 　1．現金及び預金 | 30,737 | |
| 　2．受取手形及び売掛金 | 105,305 | |
| 　3．有価証券 | 5,064 | |
| 　4．棚卸資産 | 92,173 | |
| 　5．繰延税金資産 | 9,159 | |
| 　6．その他 | 14,016 | |
| 　7．貸倒引当金 | △1,118 | |
| 　流動資産合計 | 255,338 | 56.3 |
| Ⅱ 固定資産 | | |
| （1）有形固定資産 | | |
| 　1．建物及び構築物 | 48,317 | |
| 　2．機械装置及び運搬具 | 44,438 | |
| 　3．土地 | 23,784 | |
| 　4．建設仮勘定 | 8,892 | |
| 　5．その他 | 10,290 | |
| 　有形固定資産合計 | 135,724 | 30.0 |
| （2）無形固定資産 | | |
| 　1．特許権等 | — | |
| 　2．営業権 | 1,977 | |
| 　3．連結調整勘定 | 1,982 | |
| 　4．その他 | 1,957 | |
| 　無形固定資産合計 | 5,918 | 1.3 |
| （3）投資その他の資産 | | |
| 　1．投資有価証券 | 44,049 | |
| 　2．長期貸付金 | 2,344 | |
| 　3．繰延税金資産 | 671 | |
| 　4．その他 | 11,124 | |
| 　5．貸倒引当金 | △2,029 | |
| 　投資その他の資産合計 | 56,161 | 12.4 |
| 　固定資産合計 | 197,803 | 43.7 |
| Ⅲ 為替換算調整勘定 | | |
| 資産合計 | 453,142 | 100.0 |

(単位:百万円)

| 科目 | 当連結会計年度<br>平成13年3月31日現在<br>金額 | 構成比 |
|---|---:|---:|
| **負債の部** | | % |
| Ⅰ 流動負債 | | |
| 　1．支払手形及び買掛金 | 65,859 | |
| 　2．短期借入金 | 58,384 | |
| 　3．コマーシャルペーパー | 6,000 | |
| 　4．1年内に返済予定の長期借入金 | 13,123 | |
| 　5．未払法人税等 | 11,602 | |
| 　6．繰延税金負債 | 41 | |
| 　7．製品保証引当金 | 3,855 | |
| 　8．未払費用 | 20,585 | |
| 　9．設備購入支払手形 | 7,616 | |
| 　10．その他 | 16,698 | |
| 　流動負債合計 | 203,766 | 45.0 |
| Ⅱ 固定負債 | | |
| 　1．普通社債 | 40,000 | |
| 　2．長期借入金 | 26,224 | |
| 　3．繰延税金負債 | 2,271 | |
| 　4．退職給与引当金 | — | |
| 　5．退職給付引当金 | 904 | |
| 　6．役員退職給与引当金 | 792 | |
| 　固定負債合計 | 70,192 | 15.5 |
| 負債合計 | 273,959 | 60.5 |
| 　少数株主持分 | | |
| 少数株主持分 | 5,257 | 1.1 |
| **資本の部** | | |
| Ⅰ 資本金 | 28,023 | 6.2 |
| Ⅱ 資本準備金 | 25,968 | 5.7 |
| Ⅲ 連結剰余金 | 122,693 | 27.1 |
| Ⅳ その他有価証券評価差額金 | 4,802 | 1.1 |
| Ⅴ 為替換算調整勘定 | △7,326 | △1.6 |
| 　小計 | 174,160 | 38.5 |
| Ⅵ 自己株式 | △235 | △0.1 |
| 資本合計 | 173,924 | 38.4 |
| 負債、少数株主持分及び資本合計 | 453,142 | 100.0 |

(平成13年時)

## 1 まず自己資本比率を見てみよう

| 資　産 | 負債及び資本 |
|---|---|
| | 負債 |
| | 資本 |

● 自己資本比率 ＝ $\dfrac{資本}{負債+資本}$

$= \dfrac{173,924}{453,142}$

$= 38.4\%$

▶自己資本比率が高すぎる場合には、安定性はあるが、機動力のない経営を行なっていると見られ、逆に低すぎる場合には、経営の安定性に欠けると見られる。ダイキンはその点バランスのとれた比率と言えよう。30％程度が平均と言われている。

## V 会計

### 2 次に流動比率と当座比率を見てみよう

| 資　産 | 負債及び資本 |
|---|---|
| 流動資産 | 流動負債 |
| ・現金<br>・受取手形<br>・売掛金<br>・有価証券<br>・棚卸資産 | |

- 流動比率 = $\dfrac{\text{流動資産}}{\text{流動負債}}$

  $= \dfrac{255,338}{203,766} = 125.3\%$

▶ これは最低でも120%を超えていることが目安。
これが高ければ高いほど、資産価値の目減りに耐える力があるということで、ダイキンは合格。

- 当座比率 = $\dfrac{\text{当座資産（現金、受取手形・売掛金、有価証券）}}{\text{流動負債}}$

  $= \dfrac{30,737+105,305+5,064}{203,766} = 69.2\%$

▶ 当座比率は流動比率よりも厳しい基準で安全性を見るもので、いかにすぐ現金化できるかの指標である。ダイキンの場合、流動資産の中の棚卸資産の割合が大きいので、当座比率は69%となっている。前年度の当座比率の74%から若干下がっているのは売上増のため、在庫が膨らんだからであろうか。できればこれも100%を超えたいところである。

### 3 固定長期適合率を見てみよう

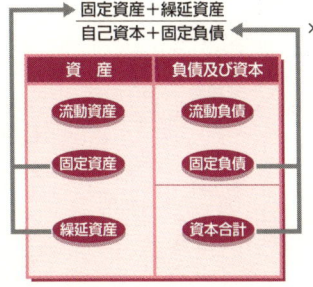

$\dfrac{\text{固定資産}+\text{繰延資産}}{\text{自己資本}+\text{固定負債}} \times 100 = \text{固定長期適合率}$

| 資　産 | 負債及び資本 |
|---|---|
| 流動資産 | 流動負債 |
| 固定資産 | 固定負債 |
| 繰延資産 | 資本合計 |

$= \dfrac{197,803}{173,924+70,192} = 81\%$

▶ 長期資本（自己資本＋固定負債）で固定資産をどのくらいまかなっているかの比率であるが、基準としては100%以下にしておきたい。

▶ これが高すぎると、長期に渡る固定支払いを短期負債でまかなっていることになり、危険度が増加する。
ダイキンの81%はほぼ平均値と言えよう。

## V 会計

## ㉟ どれくらいの製品を販売すればいいのか

――損益分岐点分析

損益分岐点とは、損益がゼロとなる売上高のことである。

新製品を発売する時に、損益がゼロの水準を実現するためにいくつ製品を販売しなければならないのかは最低限おさえておきたいものである。

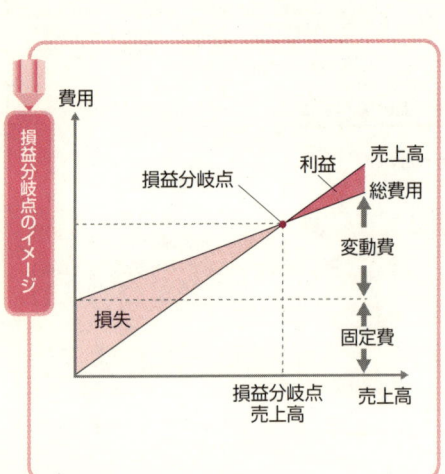

損益分岐点のイメージ

費用／売上高／損益分岐点／利益／総費用／変動費／固定費／損失／損益分岐点売上高

# V 会計

## 必要な売上高を計算してみよう

### 損益分岐点売上高

$$= \frac{固定費}{\left(1 - \dfrac{変動費}{売上高}\right)} = \frac{固定費}{限界利益率}$$

### 目標利益達成のための必要売上高

$$= \frac{固定費 + 目標利益}{\left(1 - \dfrac{変動費}{売上高}\right)} = \frac{固定費 + 目標利益}{限界利益率}$$

**例**

**条件**
固定費　50万円
現状売上高　250万円、変動費　150万円
目標利益　120万円

### 損益分岐点売上高

$$= \frac{50万円}{\left(1 - \dfrac{150万円}{250万円}\right)} = 125万円$$

### 目標利益達成のための必要売上高

$$= \frac{50万円 + 120万円}{\left(1 - \dfrac{150万円}{250万円}\right)} = 425万円$$

## 36 将来、どれくらいの価値が期待できるのか
### ——時間的価値

**Ⅵ コーポレート・ファイナンス**

ファイナンスで重要なのは、ある時点におけるものの価値を算定することである。そこでの問題は、将来の収入（キャッシュフロー）がどれくらいあるかということと、そのリスクとリスクに基づいた割引率はどのくらいかということである。

いま手元に100万円あったとして、1年後の100万円とどちらが価値があるだろうか。仮に金利が年10％とすると、1年後には110万円になるのだから、1年後の方が価値が高いと思うかもしれないが、実はそうではない。

つまり現在の100万円は1年後の110万円と同等なのだから、現在の100万円の方が価値があるのである。

そう考えると、逆に1年後の100万円は**現在価値**（PV：Present Value）になおすと100万円の価値はないことになる。このような考え方を**時間的価値**という。

一般に**将来価値**（FV：Future Value）から現在価値を算出すると額面が下がるので、その換算に使う利率（いまの例で

# VI コーポレート・ファイナンス

は10％）を**割引率**（Discount Rate）という。

もちろん、現在価値から将来価値を求める場合には、この利率は金利ということになる。

● **現在価値の計算例**

たとえば、ある企業があなたのために、現時点から5年間、一年後の期末に100万円の特別ボーナスを支給するプランを用意したとしよう。あなたにとってこの特別ボーナスプランの現時点における現在価値はいくらだろうか？

仮に現在の金利（割引率）は、年10％で将来も一定だとする。このプランの現在価値が、500万円ではないことに気づいていただろうか？ いま単純に5年間100万円をもらい続けたとすると、

100万円×5年＝500万円

手元に仮に500万円あるとして、金利年10％で5年間貯金したとすれば、5年後のあなたの資産の将来価値は、805.26万円となる。

FV＝
500×(1＋0.1)$^5$＝805.26（万円）

あなたが特別ボーナスプランによって毎年手にする100万円を、5年間同様の金利で貯金した時、あなたの資産の将来価値は610.51万円となる。

## 特別ボーナスプランのキャッシュフロー

### 1. 500万円を金利10%の銀行預金に預け入れると5年後の将来価値は

将来の価値 ＝ 預金額 × (1＋金利)$^{年数}$
　　　　　 ＝ 500万円 × $(1+0.1)^5$ ＝ 805.26万円

### 2. 毎年期末に100万円を5年間にわたって受けとり、それを金利10%の銀行預金に預け入れた5年後の将来価値は

1年目の預金分　　100万円 × $(1+0.1)^4$ ＝ 146.41万円

2年目　〃　　　　100万円 × $(1+0.1)^3$ ＝ 133.1万円

3年目　〃　　　　100万円 × $(1+0.1)^2$ ＝ 121万円

4年目　〃　　　　100万円 × $(1+0.1)$ ＝ 110万円

5年目　〃　　　　100万円

合計 ＝ 146.4万円 ＋ 133.1万円 ＋ 121万円 ＋ 110万円 ＋ 100万円 ＝ 610.51万円

　　➡　まとめて銀行に預け入れた方が有利

### 3. 特別ボーナスプランの現在価値

1年目　100万円 ÷ $(1+0.1)$ ＝ 90.9万円

2年目　100万円 ÷ $(1+0.1)^2$ ＝ 82.64万円

3年目　100万円 ÷ $(1+0.1)^3$ ＝ 75.13万円

4年目　100万円 ÷ $(1+0.1)^4$ ＝ 68.30万円

5年目　100万円 ÷ $(1+0.1)^5$ ＝ 62.09万円

現在価値は時間が経つほど小さくなる

合計 ＝ 90.9万円 ＋ 82.64万円 ＋ 75.13万円 ＋ 68.30万円 ＋ 62.09万円 ＝ 379.06万円

　　➡　現在価値に換算すると500万円の価値はない

# VI コーポレート・ファイナンス

FV＝
100×(1＋0.1)⁴＋100×(1＋0.1)³＋
100×(1＋0.1)²＋100×(1＋0.1)＋
100＝610.51（万円）

したがって、この特別ボーナスプランの現在価値が500万円を下回るであろうことが確かめられる。

実際、この特別ボーナスプランの現在価値を計算してみると、379.06万円となる。

PV＝
100×1／(1＋0.1)＋100×1／(1＋0.1)²＋
100×1／(1＋0.1)³＋100×1／(1＋0.1)⁴＋
100×1／(1＋0.1)⁵＝379.06（万円）

では次に、最初に投資をした後に毎年キャッシュフローが発生するケースを考えてみよう。

たとえば、現在200万円の自動車を購入し、年60万円で5年間貸出す事業を考えているとしよう。この車の5年後の市場価値はゼロ、割引率は10％だと仮定する。また車の借り手は決まっていて、5年間借り続け、毎年期初に料金を支払う契約をしているとする。

さてこの事業は儲かるのだろうか？

この事業の正味現在価値（NPV：Net Present Value）を求めてみると、50.19万円の価値があることがわかる。

$$NPV = -200 + 60 + 60/(1+0.1) + 60/(1+0.1)^2 + 60/(1+0.1)^3 + 60/(1+0.1)^4 = 50.19(万円)$$

したがって投資は行なうべきである。

ちなみに、この正味現在価値をゼロとする割引率を内部収益率（IRR：Internal Rate of Return）とよぶ。

● 埋没費用 (Sunk Cost)

埋没費用とは、ある事業に取り組んでも取り組まなくても関係のない、過去に実施済みとなったコストである。

埋没費用がある場合でも、ある事業の

---

### 投資事業のNPV

**正味現在価値（NPV = Net Present Value）**

$$NPV = FCF_0 + \frac{FCF_1}{(1+r)} + \frac{FCF_2}{(1+r)^2} + \frac{FCF_3}{(1+r)^3} + \frac{FCF_4}{(1+r)^4} + \frac{FCF_5}{(1+r)^5} + \frac{FCF_n}{(1+r)^n}$$

NPVが正：投資を行なうべき
NPVが負：投資を行なうべきでない

FCF：フリー・キャッシュフロー
r：金利
n：年数

## VI コーポレート・ファイナンス

意思決定は今後のキャッシュフローのみによって判断されるべきである。埋没費用を今後のキャッシュフローと合わせて考えるのは誤りとなる。

たとえば、ある企業が5年前に10億円の土地を購入し、現在その土地の時価が2億円に目減りしていたとする。

その企業がその土地に5億円の新社屋を建設しようとした場合、投資判断の基準はあくまでも2億円（土地代）＋5億円（新社屋建設費）＝7億円とすべきなのである。したがって現在価値で7億円以上のキャッシュフローが期待できるなら投資すればよいし、それ以下ならやめるべきである。

ここで5年前に土地購入に要した10億円という価格は埋没費用であり、投資額に考慮するのはまちがいである。

コーポレート・ファイナンスとは、経営をお金の観点から管理するもの。企業は株主や金融機関から資金を調達し、それを元にして事業に投資を行なう。そしてその事業活動を通じて投下資金の回収を行ない、回収した資金で株主や金融機関にリターンを支払い、残った分を再投資して利潤を最大にしようとする。

つまり企業の価値を最大化するために、それに関わる資金調達など、企業が生産や販売などの活動を行なうにあたってどのように資金を調達し、いかにそれを運用するのかを考えるのがコーポレート・ファイナンスだといえよう。

# 永続価値と成長永続価値

## 永続価値

永続価値(Perpetuity)とは、ある一定の割引率の下で、ある一定のキャッシュフローを将来受け(払い)続ける場合のキャッシュフローの現在価値のこと。永続価値は、次のような公式で表される。

$$\text{永続価値} = \frac{\text{毎年のキャッシュフロー}}{\text{割引率}}$$

(例)ある宝くじに当たると、当選者には毎年100万円がその子孫も含めて永久に支払われることになっている。割引率は5%で将来も一定だとする。

永続価値=100÷0.05=2,000(万円)
➡ この宝くじの永続価値は、2,000万円である。

## 成長永続価値

成長永続価値とは、将来取得または支払う毎年のキャッシュフローが、ある一定の割合で永久に成長し続ける場合のキャッシュフローの現在価値のこと。成長永続価値は、次のような公式で表される。

$$\text{成長永続価値} = \frac{\text{1年後のキャッシュフロー}}{\text{割引率}-\text{キャッシュフローの成長率}}$$

(注)ただし割引率>キャッシュフローの成長率

(例)現在、今後2年間、年末に2,000万円のキャッシュフローをもたらす事業があるとする。3年目にキャッシュフローは5%成長して、その後もキャッシュフローは毎年5%成長するものとする。期待収益率は10%である。

1年目、2年目のキャッシュ・フローの現在価値=2,000 $(1/(1.1)^1)$+2,000$(1/(1.1)^2)$
=3,471.07万円……①
2年後の成長永続価値(終価)=(2,000×1.05)／(0.10−0.05)=4,200万円
2年後のこの事業の成長永続価値は、4,200万円である。
終価の現在価値=4,200／$(1.05)^2$=3,809.52万円……②
この終価の現在価値は、3,809.52万円である。
事業の現在価値(①+②)=3,471.07+3,809.52=7,280.59万円
➡ この事業の現在価値は、7,280.59万円である。

# 37 会社の資本コストをつかむ
## ——資本コスト：WACC

時間的価値の算定に使われる割引率には金利、期待収益率、資本コストなどがある。

**資本コストとは、資金の調達レートを指す。**

政府のプロジェクトや基本的にリスクがないと考えられる事業には、国債利回りなど安全証券利子率（リスクフリーレート）が使われる。

また、資本コストは、資金提供者の側から見れば、期待している利回りのことにほかならない。

したがって期待収益率と資本コストは用途によって呼び方が変わるものの、基本的には同じものである。

これらは、リスクフリーレートにリスク（不確実性）や機会費用（ある事業に取り組むことで失われる機会の費用）が加味されて決定される。

【加重平均資本コスト（WACC）】
資本コストの代表的な計算方法として、加重平均資本コスト（WACC：Weighted Average Cost of Capital：ワ

ック）がある。

加重平均資本コスト＝
自己資本コスト×自己資本比率＋他人資本コスト×（1－法人税率）×負債比率

企業の自己資本コストは、株主が企業に期待する利回りとなる。自己資本コストには次のようにいくつかの考え方がある。

● **自己資本コストに対する考え方**
● 企業は、株主に対して決まった配当を約束しているわけではないのでゼロである。

● 株主は株式投資以外の方法、つまり社債の引き受け、または融資という形で企業に資金を供給することができるため、下限は企業の借入金利である。
● 企業の過去の配当実績、同業他社の配当、企業の成長性などによって見積もられる配当利回りである。
● 企業の税引後利益などの収益利回りである。
● 市場の平均利回りである。
● 国債などの安全証券利子率（リスクフリーレート）に投資の事業リスクを足したものである（資本資産評価モデル：CAPMと呼ばれる）。

自己資本コストとして決まった算定方

## VI コーポレート・ファイナンス

法はないが、アメリカの企業を中心に、国際的に広くCAPMによる算定方法が利用されている。CAPMについては次項で詳しく紹介する。

自己資本比率と負債比率は、総資本(自己資本と他人資本の合計金額)に占める自己資本または他人資本(負債)の比率である。

ここで注意しなければいけないのは、この自己資本と他人資本の金額は、**帳簿上の金額ではなく、時価で見積もられたもの**であるということである。

他人資本コストは、借入金利である。一般的には平均借入金利が適用される。通常、この他人資本コストに(1－法人税率)を乗じた税引後他人資本コストが計算される。これは、借入金の金利が税務上は損金に計上され、節税効果があるためである。

# 資本コスト（WACC）

## 資本コスト＝資金調達コスト

**貸借対照表**

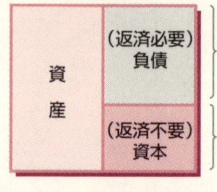

| 資産 | （返済必要）負債 | 負債コスト |
| | （返済不要）資本 | 自己資本コスト |

＝ 資本コスト

資金の調達は負債と資本によることから、両者の調達コストの加重平均をとって計算される

## 加重平均資本コスト（WACC）

$$WACC = 自己資本コスト \times \frac{自己資本}{(負債＋自己資本)} + 負債コスト \times (1-法人税率) \times \frac{負債}{(負債＋自己資本)}$$

### WACCの計算

**例**

| 条件 | |
|---|---|
| 負債額 | 3億円 |
| 自己資本 | 1億円 |
| 負債コスト | 3.6 % |
| 自己資本コスト | 9% |
| 法人税率 | 40% |

$$WACC = \underset{自己資本コスト}{9\%} \times \frac{1億円}{(3億円＋1億円)} + \underset{負債コスト}{3.6\%} \times (1-40\%) \times \frac{3億円}{(3億円＋1億円)}$$

$$= 2.25\% + 1.62\%$$
$$= 3.87\%$$

# 38 投資に対して、どれくらいの収益が期待できるか
## ——資本コスト：CAPM

リスクには、システマティック・リスク（組織的リスク）とアンシステマティック・リスク（非組織的リスク）がある。

システマティック・リスクは経済情勢などの影響を受けるもので、いくら多くの銘柄に分散投資しても分散不可能なリスクである。

投資家は、システマティック・リスクに見合ったリターンを要求する。これは$\beta$（ベータ）というリスク指標に（市場平均利回り－リスクフリーレート）を乗じて表わされる。

アンシステマティック・リスクは特定企業の増・減収、増・減益または生産工場での事故などによって、ある投資が被るリスクである。このリスクは分散投資によって分散可能なリスクである。

では、こうしたリスクと負債と資本コストの関係を見てみよう。負債の資本コスト（債権者が求める期待収益率）とは支払利息である金利である。

一方、株主資本の資本コスト（株主が求める期待収益率）は配当と株式の値上がり益に分けられる。いま仮に500万

## β（ベータ）とは

個別の株式が証券市場全体の動きに対してどの程度敏感に反応するかを示す。

$$\beta = \frac{個別株式の変動}{株式市場全体の変動}$$

1より小さいと市場の動きより小さく、1より大きいと市場の動きより大きいことになる

### 例1

日経平均が10％上昇
↓
A銘柄が15％上昇
↓
A銘柄のβ値＝1.5

### 例2

日経平均が10％上昇
↓
B銘柄が10％上昇
↓
B銘柄のβ値＝1.0

| | |
|---|---|
| β＞1 | 市場の動きより大きい |
| 0＜β＜1 | 市場の動きより小さい |
| β＜0（マイナス） | 市場と反対の動き |

## VI コーポレート・ファイナンス

円を投資して、10万円の配当(インカム・ゲイン)と40万円の売却益(キャピタル・ゲイン)を得たとすれば、合計10%の運用に成功したことになる。

株主資本の資本コストとは、この「何%の利回りを期待されているか」を指す。

この期待利回りは、リスクとリターンは比例するという原則に基づいてモデル化されており、CAPM（Capital Asset Pricing Model：資本資産評価モデル・・キャップエム）と呼ばれている。

CAPMの計算式は次頁のようになる。

---

$$Re = Rf + \beta(Rm - Rf)$$

- Re ： 自己資本コスト（期待収益率）
- Rf ： リスクフリーレート※
- Rm ： 市場平均利回り
- β ： ベータ値※
- Rm−Rf：市場のリスクプレミアム※

※リスクフリーレート
安全証券利子率。リスクのない投資対象から得られる利回り。一般に10年もの国債の利回りを利用。

※ベータ値
βが1のときリスクは市場平均と一致する。このとき自己資本コストは市場平均利回りとなる。

※リスクプレミアム
リスクの高い投資対象に対する期待利回りの上乗せ分。

## 自己資本コスト（CAPM）

> **例** 長期国債の利回りを2.5%、市場平均利回りを5.0%と仮定する。この時、βが1.5%の企業の資本コスト（期待収益率）はどれくらいになるか？

### 自己資本コスト（CAPM）

$$= \text{リスクフリーレート（無リスク金利）} + \beta \times (\text{市場平均利回り} - \text{リスクフリーレート（株式市場プレミアム）})$$

条件：
- 長期国債利回り ＝ 2.5%
- 市場国債利回り ＝ 5.0%
- β ＝ 1.5

のときのCAPM

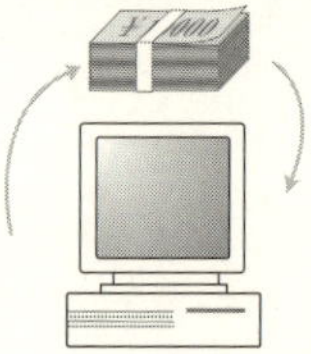

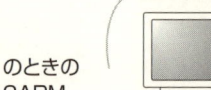

### 自己資本コスト（CAPM）

$$= 2.5\% + 1.5 \times (5.0\% - 2.5\%)$$

$$= 6.25\%$$

**この企業の資本コストは6.25%となる。**

# VI コーポレート・ファイナンス

## ㊴ この会社は将来、売りか買いか
### ──株価収益率：PER

企業の価値を示す指標として、次のようなものがある。

📖 **株価収益率（PER）**
株価収益率（PER：Price Earning Ratio）とは、株価を1株当たり税引後当期利益（EPS）で割って求められる指標である。

📖 **1株当たり利益（EPS）**
1株当たり利益（EPS：Earning Per Share）は、税引後当期利益を発行済株式総数で割って求められる。これは企業の利益を元にして、株価が高いか安いかを判断するための指標となる。

たとえば、1株当たり利益が10円で、株価が500円の企業の場合、PERは500÷10＝50倍となる。

これは、1株当たり利益の50倍まで株価が買われていることを表している。

なお、株式投資は企業が将来に成長することを見込んで行なうものなので、1株当たり利益としては来期予想値を使う

## 第一製薬と藤沢薬品工業のPER比較

### 第一製薬㈱ (東京1部:4505.T)

| 取引値 12/2 | 前日比 | 前日終値 | 出来高 | 時価総額 |
|---|---|---|---|---|
| 1,831 | -9 (-0.49%) | 1,840 | 491,900 | 24,496百万円 |

| 始値 | 高値 | 安値 | 買気配 | 売気配 | 発行済株式数 |
|---|---|---|---|---|---|
| 1,870 | 1,893 | 1,812 | — | — | 86,453,235株 |

| 配当利回り | 1株配当 | 株価収益率(連) | 1株利益(連) | 純資産倍率(連) | 1株株主資本(連) |
|---|---|---|---|---|---|
| 1.53% | 28.00円 | 16.62倍 | 110.18円 | 1.23倍 | 1,484.16円 |

| 株主資本比率(連) | 株主資本利益率(連) | 総資産利益率(連) | 調整1株利益 | 分割原資 | 単元株数 |
|---|---|---|---|---|---|
| 76.3% | 7.75% | 5.82% | —円 | —円 | 100株 |

### 連結決算推移

| 決算年月日 | 2002年3月期 | 2001年3月期 | 2000年3月期 |
|---|---|---|---|
| 売上高 | 332,753百万円 | 317,072百万円 | 300,538百万円 |
| 営業利益 | 65,409百万円 | 63,775百万円 | 60,969百万円 |
| 経常利益 | 66,978百万円 | 65,264百万円 | 60,026百万円 |
| 当期利益 | 31,375百万円 | 28,462百万円 | 24,064百万円 |
| 1株当り当期利益 | 110.18円 | 102.13円 | 87.69円 |
| 調整1株当り利益 | — | 99.44円 | 83.69円 |
| 1株当り株主資本 | 1,451.58円 | 1,425.20円 | 1,273.17円 |
| 総資産 | 525,511百万円 | 553,375百万円 | 507,162百万円 |
| 株主資本 | 401,208百万円 | 406,247百万円 | 343,060百万円 |
| 資本金 | 45,246百万円 | 45,246百万円 | 30,257百万円 |

### 藤沢薬品工業㈱ (東京1部:4511.T)

| 取引値 12/2 | 前日比 | 前日終値 | 出来高 | 時価総額 |
|---|---|---|---|---|
| 2,595 | -65 (-2.44%) | 2,660 | 829,000 | 856,826百万円 |

| 始値 | 高値 | 安値 | 買気配 | 売気配 | 発行済株式数 |
|---|---|---|---|---|---|
| 2,630 | 2,655 | 2,595 | — | — | 330,183,578株 |

| 配当利回り | 1株配当 | 株価収益率(連) | 1株利益(連) | 純資産倍率(連) | 1株株主資本(連) |
|---|---|---|---|---|---|
| 0.62% | 16.00円 | 32.41倍 | 80.07円 | 2.63倍 | 985.19円 |

| 株主資本比率(連) | 株主資本利益率(連) | 総資産利益率(連) | 調整1株利益 | 分割原資 | 単元株数 |
|---|---|---|---|---|---|
| 67.0% | 8.77% | 5.58% | 78.14円 | —円 | 1,000株 |

### 連結決算推移

| 決算年月日 | 2002年3月期 | 2001年3月期 | 2000年3月期 |
|---|---|---|---|
| 売上高 | 341,356百万円 | 297,516百万円 | 289,142百万円 |
| 営業利益 | 46,852百万円 | 33,605百万円 | 34,843百万円 |
| 経常利益 | 48,644百万円 | 35,727百万円 | 35,682百万円 |
| 当期利益 | 26,150百万円 | 20,528百万円 | 22,906百万円 |
| 1株当り当期利益 | 80.07円 | 63.62円 | 71.09円 |
| 調整1株当り利益 | 78.14円 | 61.76円 | 68.85円 |
| 1株当り株主資本 | 962.94円 | 863.12円 | 815.42円 |
| 総資産 | 474,546百万円 | 462,324百万円 | 435,551百万円 |
| 株主資本 | 317,870百万円 | 278,581百万円 | 262,968百万円 |
| 資本金 | 38,587百万円 | 32,045百万円 | 31,829百万円 |

### 株価収益率 (PER)

| 第一製薬 | 藤沢薬品 |
|---|---|
| 16.6倍 | 32.4倍 |

### 株価純資産倍率 (PBR)

| 第一製薬 | 藤沢薬品 |
|---|---|
| 1.23倍 | 2.63倍 |

第一製薬、藤沢薬品ともに日本の製薬企業トップ10に入る有力企業であるが、2002年12月1日時点のPERで見ると第一製薬が16.6倍、藤沢薬品が32.4倍と2倍近い差がついている。ちなみにPBR(株価純資産倍率)では第一製薬が1.23倍で藤沢薬品は2.63倍となっている。

ことが多い。

また、最近では単独決算重視から連結決算重視へと流れが変わってきているので、PERの計算にも連結決算の1株当たり利益を使うのがよい。

(例) 前期の1株当たり利益が20円、現在の株価が400円なら、PERは20倍である。来期の1株当たり利益が30円と増益が予想された場合、PERが同じ20倍なら、株価は600円の水準まで買える、と判断するわけである。

また、同じ業種の平均PERが30倍で、この会社の現在のPER20倍は低すぎると判断されるなら、PER30倍の水準、つまり株価は600円が適正ということになる。

つまり、PERの値が極端に大きくなっている場合、その企業の株価は「割高」で、いずれ売られると判断し、極端に小さければ「割安」となる。ただしPERが低すぎるところは、経営が悪化している可能性もあるので注意が必要である。

【PERの注意点】

注意しなければならないのは、PERは客観的な価値基準を示すものではなく、「何倍以上なら割高」「何倍以下なら割安」という絶対的な基準はない。したがって、あくまでも同じ業種の収益状態、将来の収益予測など、会社の評価と比較して判断する相対的な基準でしかない。

また1株当たり利益も、土地売却など

の特別収益があったりすると、その期だけ利益が増え、PERが低下して割安感が強まるという不合理の生じる可能性もある。

また、右肩上がりに成長していく時代にはPERは有効な指標であったが、今後の低成長時代にPERは以前ほどには役に立たないという指摘もある。

ちなみに、東証一部上場企業を平均すると、PERは50倍程度になっているが、アメリカではPERの平均が20倍台と言われている。

日本企業は、バブルの後遺症で株価に見合った利益を出していないところが多く、1株当たり利益が少なくなり、その結果PERが高い状態になっているとい

える。

また、新聞などに載る東証一部全銘柄平均のPERは、株価の時価総額を利益総額で割ったものであるが、時として何百倍といった異常に高い数値を示すことがある。

これは、各銀行が不良債権の償却を行なって巨額の赤字を計上したときなど、全銘柄の利益総額が低下してしまい、異常値が算出されるケースがあるからである。

平均PERは、個別銘柄でチェックできる損益状況がなかなか表面に現われず、数値自体が一人歩きする危険性もっているのである。

## VI コーポレート・ファイナンス

### 第一製薬と藤沢薬品工業の売上・利益比較

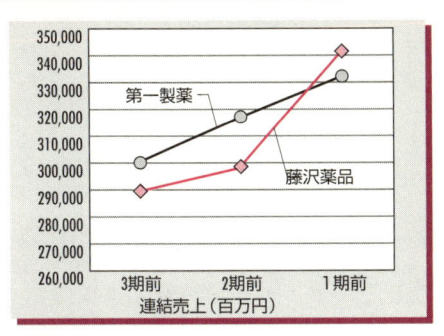

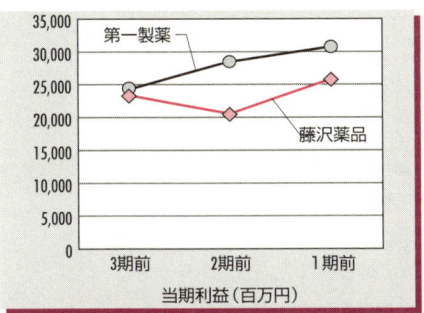

[グラフ：連結売上（百万円）— 第一製薬と藤沢薬品の3期前から1期前の推移]

連結売上（百万円）

[グラフ：当期利益（百万円）— 第一製薬と藤沢薬品の3期前から1期前の推移]

当期利益（百万円）

　グラフを見てわかるとおり、両社とも同程度の規模で、過去3年順調に売上・当期利益とも伸ばしてきている。では、なぜPERの差がでてくるのか？　それはPERが将来の期待値の反映であるからである。製薬企業の場合、将来の期待値はこれからどれだけ新薬がパイプラインに入っているかなどが大きく影響してくる。このPERの差から次に見るべきは、両社の新薬パイプライン状況（未来の収益の源泉）であることが想定されよう。

## 40 何をもとに銘柄を評価するのか
――株価純資産倍率：PBR

**VI コーポレート・ファイナンス**

PER（株価収益率）が株式の生み出す利益に注目しているのに対し、PBR（Price Book-value Ratio：株価純資産倍率）は株式の持つ資産価値に注目した投資尺度である。

PBRは、株価を一株当たりの純資産（BPS：Book value Per Share）で割って求められる。

●PBR ＝ 株価 ÷ BPS

$$= \left( \frac{時価総額}{N} \right) \div \left( \frac{純資産}{N} \right)$$

＝ 時価総額 ÷ 純資産

●時価総額 ＝ 純資産 × PBR

ただしN＝発行済株式総数

# VI コーポレート・ファイナンス

この式のように株式の時価総額は、純資産とPBRの関係で表すことができる。通常1倍のPBRが株価の下支え水準となる。純資産は、会社の解散価値となる。

ここで注意しなければならないのは、純資産は、通常簿価ベース（帳簿価格）で表示されていることである。より正確な価値を算定するためには、時価ベースの純資産を利用したいものである。

いま会社が解散した場合を考えてみよう。資産をすべて売却して、負債もすべて返済したとすると、最後に残るのが純資産である。

つまり、純資産は会社の「解散価値」を表すもので、一株当たり純資産は「一

株当たりの解散価値」といえる。PBRを投資のモノサシとして使うのは、この会社の解散価値が株価に反映されるという見方があるからである。

## 【PBRの注意点】

株価は会社の一株当たりの解散価値を下回ることはない。つまりPBRが1・0倍を下回ることは基本的にはないはずである。

しかし個別銘柄で見てみると、0・03倍から48倍と大きな開きがあり、1・0倍を下回っている会社は、全銘柄3236社中1923社もある（2002年11月1日現在）。そうした会社は、割安と受け取られるのが普通だが、必ずしもそ

## 過去の株価とPBR比較（決算期ベース）2001年8月30日

### 松下電器産業

| 年 | 1株当り株主資本 | 株価 | | PBR | |
|---|---|---|---|---|---|
| | | 高値 | 安値 | 最高 | 最低 |
| 1995 | 1552 | 1690 | 1200 | 1.09 | 0.77 |
| 1996 | 1619 | 2070 | 1640 | 1.28 | 1.01 |
| 1997 | 1750 | 2520 | 1670 | 1.44 | 0.95 |
| 1998 | 1784 | 2375 | 1640 | 1.33 | 0.92 |
| 1999 | 1713 | 2980 | 1878 | 1.74 | 1.1 |
| 2000 | 1786 | 3320 | 2410 | 1.86 | 1.35 |
| 2001 | 1814 | 2360 | 1665 | 1.3 | 0.92 |

### シチズン

| 年 | 1株当り株主資本 | 株価 | | PBR | |
|---|---|---|---|---|---|
| | | 高値 | 安値 | 最高 | 最低 |
| 1995 | 569 | 810 | 493 | 1.42 | 0.87 |
| 1996 | 583 | 936 | 780 | 1.61 | 1.34 |
| 1997 | 625 | 2020 | 686 | 3.23 | 1.1 |
| 1998 | 653 | 1205 | 622 | 1.85 | 0.95 |
| 1999 | 675 | 1110 | 598 | 1.64 | 0.89 |
| 2000 | 681 | 1250 | 649 | 1.84 | 0.95 |
| 2001 | 719 | 960 | 631 | 1.34 | 0.88 |

### カシオ計算機

| 年 | 1株当り株主資本 | 株価 | | PBR | |
|---|---|---|---|---|---|
| | | 高値 | 安値 | 最高 | 最低 |
| 1995 | 634 | 1270 | 711 | 2 | 1.12 |
| 1996 | 623 | 1150 | 885 | 1.85 | 1.42 |
| 1997 | 626 | 1260 | 846 | 2.01 | 1.35 |
| 1998 | 655 | 1350 | 737 | 2.06 | 1.13 |
| 1999 | 627 | 980 | 620 | 1.56 | 0.99 |
| 2000 | 624 | 1330 | 800 | 2.13 | 1.28 |
| 2001 | 597 | 888 | 637 | 1.49 | 1.07 |

# VI コーポレート・ファイナンス

うとはいえないケースもある。

1.0倍を割れてもなお下げ止まらない場合は、保証債務を抱えていたり、有価証券や不動産などで多額の含み損を抱えていることなどが考えられる。

> 📖 **保証債務**
> 本当の債務者が返済できなくなったときに、保証人が代わりに返済する契約をしている債務のこと。保証人となっている会社にとっては確定した債務ではなく、潜在的な借金ともいえる。

保証債務は、有価証券報告書の注記事項であり、貸借対照表（B／S）には載っていないのでPBRには反映されない。

また貸借対照表（B／S）に載っている資産は取得価格で表示されているため、現在の価値（時価）よりも高く、多額の含み損を抱えている場合は、PBRが1.0倍を割っても下げ止まらないことがある。

ただし長期的には日本の会計制度も、現在の取得原価会計から時価会計へ移行していくので、将来はそうした不具合もなくなっていくことと思われる。

以上の点に注意して、銘柄を選ぶときに一つの指標として用いるとよいだろう。

## PBRが1.0倍以下の銘柄例

| | | | PBR |
|---|---|---|---|
| 1 | 大豊建設 | 東証一部 | 0.29 |
| 2 | 東亜建設工業 | 東証一部 | 0.44 |
| 3 | 安藤建設 | 東証一部 | 0.39 |
| 4 | モリ工業 | 東証一部 | 0.42 |
| 5 | 西華産業 | 東証一部 | 0.62 |
| 6 | ケイヒン | 東証一部 | 0.86 |
| 7 | コスモ石油 | 東証一部 | 0.48 |
| 8 | スターゼン | 東証一部 | 0.53 |
| 9 | 酒井重工業 | 東証一部 | 0.33 |
| 10 | 日本鋳鉄管 | 東証一部 | 0.38 |
| 11 | 椿本興業 | 東証一部 | 0.60 |
| 12 | 日本道路 | 東証一部 | 0.25 |
| 13 | 日本バルカー工業 | 東証一部 | 0.78 |
| 14 | 北野建設 | 東証一部 | 0.41 |
| 15 | ニチロ | 東証一部 | 0.86 |
| 16 | 品川白煉瓦 | 東証一部 | 0.45 |
| 17 | 第一セメント | 東証一部 | 0.25 |
| 18 | 日本飛行機 | 東証一部 | 0.41 |
| 19 | 宮地鉄工所 | 東証一部 | 0.55 |
| 20 | 日本信販 | 東証一部 | 0.28 |

(2002年)

## VI コーポレート・ファイナンス

# 41 いったい現金でいくら儲かりそうなのか
## ——DCF法 (Discounted Cash Flow Method)

現代のファイナンスにおいては、もっぱら投資対象の価値を、投資対象が将来もたらす収益で評価する。また将来の収益をキャッシュフロー（現金収支）で認識することが通例となっている。

このような価値評価の主要な方法として、DCF法 (Discounted Cash Flow Method) がある。

DCF法では、将来期待されるキャッシュフローを適切な割引率で現在価値に換算し、その総和によって投資対象の価値を求める。

DCF法による企業価値の算定では、フリー・キャッシュフロー（FCF：Free Cash Flow）と加重平均資本コスト（WACC）が利用される。

フリー・キャッシュフローは、次頁下図の①の算式で計算される。

フリー・キャッシュフローの計算では、減価償却費や運転資金の増減を考慮した営業活動におけるキャッシュフローから、企業経営に必要と思われる設備投資資金を差し引く。

この計算によって残った現金は、それ

なしでも企業経営が可能なもので、全額株主に帰属すると考えられる。

またWACCを利用したDCF法の計算式は下図の②のように表される。

DCF法で算定された価値から借入金や社債などの有利子負債を控除して、売却可能な非営業資産を加算することで企業の株主価値が計算される。これを発行済株式総数で割ると株価が求められる。

（例）1年後に1億円のフリー・キャッシュフローをもたらす不動産事業がある。この事業のフリー・キャッシュフローは、2年目以降年率10％で成長すると予想される。そして、6年目以降のフリー・キャッシュフローの成長率は年率3％となり、永久に継続するものと予想

## フリー・キャッシュフローとDCFの計算式

**①** FCF＝EBIT×（1−税率）＋減価償却費−設備投資
　　　±運転資金の増減

　運転資金＝現金同等物を除いた流動資産
　　　　　−有利子負債を除いた流動負債

**②** $PV = \sum \dfrac{FCF_t}{(1+WACC)^t}$

※ FCF　：フリー・キャッシュフロー
※ EBIT　：金利・税引前利益
※ WACC：加重平均資本コスト
※ PV　　：現在価値
※ t　　　：年数

## VI コーポレート・ファイナンス

される。

キャッシュフローは毎年期末に発生し、この事業のWACCは年率5％で一定とする。またこの事業はゴルフ会員権2000万円を持っており、今後、転売する予定である。また、銀行からの借入金が5000万円ある。

この事業の価値はいくらか？ 解答は次頁の図に示してある。

## DCF法による価値評価

**例**

| 1年後 | キャッシュフロー | 1億円 |
|---|---|---|
| 2年後 | 〃 | 1億円 × (1+0.1) = 1.1億円 |
| 3年後 | 〃 | 1億円 × (1+0.1)² = 1.21億円 |
| 4年後 | 〃 | 1億円 × (1+0.1)³ = 1.331億円 |
| 5年後 | 〃 | 1億円 × (1+0.1)⁴ = 1.4641億円 |

6年後以降の 〃

$$\frac{1.5080億円}{WACC5\% - フリー・キャッシュフローの成長率3\%} = 75.4億円$$

### フリー・キャッシュフロー

| 年 | 1年後 | 2年後 | 3年後 | 4年後 | 5年後 | 6年以降 |
|---|---|---|---|---|---|---|
| 億円 | 1.0 | 1.1 | 1.21 | 1.331 | 1.4641 | 75.4 |

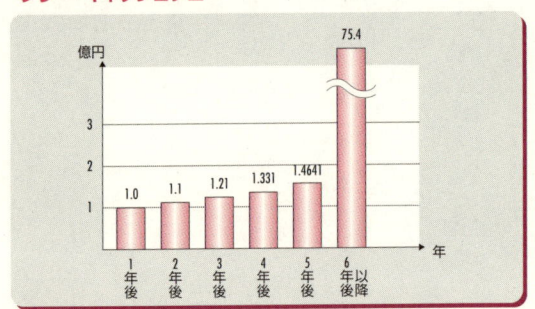

PV
$$= \frac{1億円}{(1+0.05)} + \frac{1.1億円}{(1+0.05)^2} + \frac{1.21億円}{(1+0.05)^3} + \frac{1.331億円}{(1+0.05)^4} + \frac{1.4641億円}{(1+0.05)^5} + \frac{75.4億円}{(1+0.05)^6}$$

+ ゴルフ会員権2000万円 − 有利子負債5000万円
= 61億2,021万円

## 42 物流が戦略ツールになった
### ——SCM（サプライチェーン・マネジメント）

商品が消費者の手に届くまでには資材や原材料などのサプライヤー、メーカー、物流業者、卸売業者、そして小売業者といったプレーヤーが取引に関わってくる。これらプレーヤーのつながりのことを「サプライチェーン」という。

サプライチェーン・マネジメントとは、このチェーン上のプレーヤーが、企業や組織の壁を越えて情報を共有することにより、それぞれの場で発生していた無駄を排除し、ビジネス・プロセスを効率化することである。

そのうえでコストを最小限におさえながら、ビジネス・スピードを飛躍的に向上させ、顧客満足度を追求していく経営手法のことをいう。

「ビジネス・スピードをあげる」ということは、つまりは商品の流れを速くすることであり、在庫・販売・物流そして生産といった情報を小売業者・卸売業者・物流業者・製造業者などの間でリアルタイムに共有できる体制にすることだ。

それによって、余計な在庫を持ったり、無駄な物流コストをかける必要性がなく

なり、短期間に安価で消費者のもとに商品を届けることが可能になる。

【部分最適から全体最適へ】

「ビジネス・プロセスの効率化」という意味では、従来も各部門または企業内ですすめられていた。しかし、各自で効率化を追求しても、それはあくまでも部分的な最適化にすぎず、消費者にとっての価値にはなかなか結びつかないのが実状であった。

消費者に対して「必要な物を、必要な時に、必要な量だけ安価に」届けるためには、資材の調達から消費者の手元に商品が届くまでのサプライチェーン全体が、あたかも一つの組織のような「全体最適化」を実現しなくてはならない。

それゆえに、「最適化」は部門・企業内から次第に外部のサプライチェーン関係企業にも範囲を広げるようになり、企業間の連携を重視する動きが出てきたのである。

このようにサプライチェーン・マネジメントとは部分的な効率化ではなく、ネットワークとは部分的な効率化ではなく、ネットワークにより結ばれたサプライチェーンが情報を共有し合うことにより、商品の流れを速くする（在庫回転の向上と納期短縮）ことである。

さらにはそれにともなったお金の流れを速めた効率的な経営を行なうことにより、劇的にプロセスコストを削減し、最終的には顧客の満足度を追求していく経営手法である。

## VII トピックス

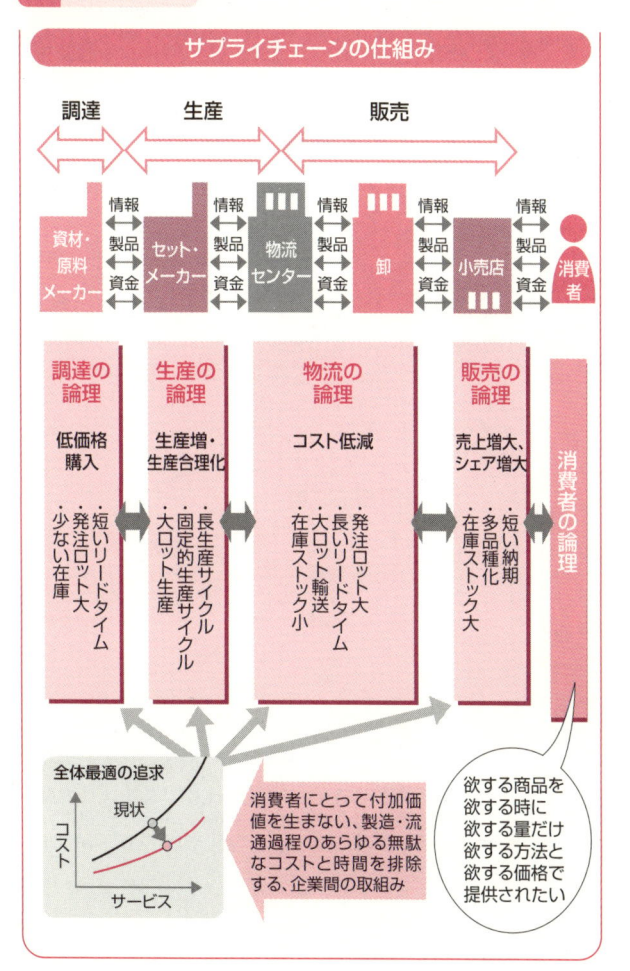

### サプライチェーンの仕組み

調達 ── 生産 ── 販売

| | | | | | |
|---|---|---|---|---|---|
| 資材・原料メーカー | ⇔ 情報/製品/資金 ⇔ | セット・メーカー | ⇔ 情報/製品/資金 ⇔ | 物流センター | ⇔ 情報/製品/資金 ⇔ 卸 ⇔ 情報/製品/資金 ⇔ 小売店 ⇔ 情報/製品/資金 ⇔ 消費者 |

**調達の論理**
低価格購入
・短いリードタイム
・発注ロット大
・少ない在庫

**生産の論理**
生産増・生産合理化
・長生産サイクル
・固定的生産サイクル
・大ロット生産

**物流の論理**
コスト低減
・発注ロット大
・長いリードタイム
・大ロット輸送
・在庫ストック小

**販売の論理**
売上増大、シェア増大
・短い納期
・多品種化
・在庫ストック大

**消費者の論理**

全体最適の追求
（コスト／サービス：現状）

消費者にとって付加価値を生まない、製造・流通過程のあらゆる無駄なコストと時間を排除する、企業間の取組み

欲する商品を欲する時に欲する量だけ欲する方法と欲する価格で提供されたい

## デルコンピュータの個別受注生産（BTO）

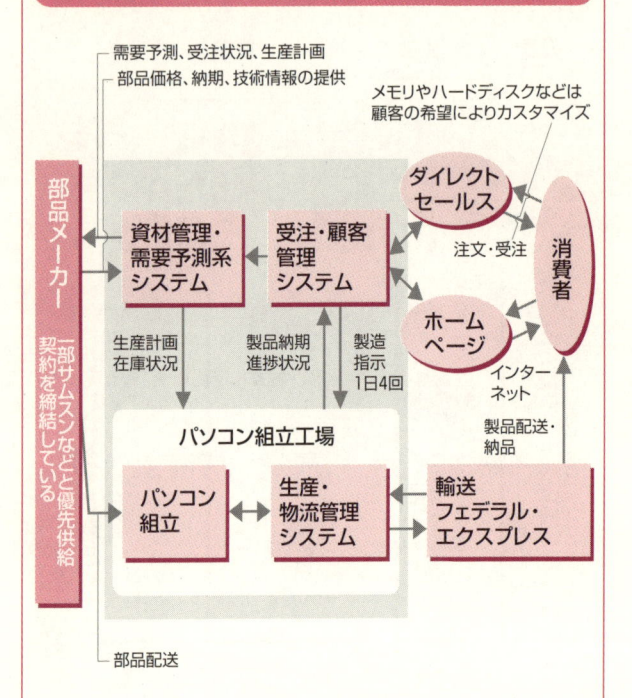

```
                    需要予測、受注状況、生産計画
                    部品価格、納期、技術情報の提供
                                                    メモリやハードディスクなどは
                                                    顧客の希望によりカスタマイズ

  部                                              ダイレクト
  品          資材管理・    受注・顧客              セールス
  メ          需要予測系    管理
  ー          システム      システム                           注文・受注      消費者
  カ
  ー                                              ホーム
      一部サムスンなどと                           ページ
      優先供給契約を
      締結している     生産計画      製品納期    製造                  インター
                       在庫状況      進捗状況    指示                  ネット
                                                 1日4回
                              パソコン組立工場                     製品配送・
                                                                   納品
                      パソコン     生産・        輸送
                      組立         物流管理      フェデラル・
                                   システム      エクスプレス

  部品配送
```

顧客から受注を受け、製品の納入までの時間およそ1週間という短期間で実現している。既存の商流を全く変え、顧客のニーズを直接聞き、それに合わせて生産・直送するというデルの手法は究極のSCMの一つといえる。

出所：福島美明著『サプライチェーン経営革命』より作成

# 43 顧客のためにどう品質を管理するか
## ―― シックスシグマ

GE（ゼネラル・エレクトリック）社の主要戦略として有名になったシックスシグマだが、その本質はあまり知られていない。

もともとは統計手法であったシックスシグマは、いかにして品質管理手法となり、世界最大のコングロマリットの基幹戦略になっていったのであろうか。

ジネス上のあらゆるエラー、欠陥を「100万回のオペレーションで3、4回」のエラー、欠陥におさえるということ。

これは以前からあった「ゼロディフェクト」とは根本的に違う。「ゼロ」は目標にしない。なぜなら「ゼロ」を目標にするとコストが際限なくかかり、ビジネスの合理性がなくなると考えたからだ。

日本発の品質向上運動を欧米の視点で経営手法として捉えなおしたものがシックスシグマなのである。

📖 **シックスシグマ**
「シグマ」はもともと統計用語で、分布のばらつきを示すもの。6シグマとはビ

## GEにおけるシックスシグマとは何か

●**GE社内でのシックスシグマ**：「高い規律にもとづくプロセスで、GEが完璧に近い製品とサービスを開発し、お客様にお届けすることに、注力するのを助ける」と定義されている。実はGEにおけるシックスシグマは、社内に顧客の視点重視の風土を根づかせるためのしかけであった（ということはそれ以前は顧客よりも社内に目が向いていたということである）。ゆえに、GEの社内シックスシグマ・プラクティスには"お客様の視点""お客様の満足度"という言葉が呪文のように頻出する。以下の文章はGEジャパンのホームページからシックスシグマ解説部分を抜粋したものである。

●**お客様に喜びを届ける**：「お客様こそGEという宇宙の中心にいる存在であり、クオリティを定義するのもまたお客様です。お客様は成果や信頼性、競争価格、スケジュール通りの商品配送、サービス、明確であり正確な取引処理等を期待しています。お客様の受け止め方に影響する属性のうち、どの1つについても、『良い』というだけでは十分ではないのです。お客様に喜びを届けることは何としても成し遂げなければならない課題です。さもなければ、他社に出し抜かれてしまうのですから！」

このようにGEにおけるシックスシグマは、全社共通である一定のこと（顧客の視点で商品・サービスの品質を捉えなおす）を"徹底的に"断行するツールであったことがわかる。

出所：GEのHPより

# VII トピックス

## 6σ（シックスシグマ）

### シックスシグマの開発

**Point**

　シックスシグマ自体をどう応用してゆくかも重要だが、実はここで強調したいのはこの手法の開発プロセスである。もともと日本発の、日本の競争力の源泉であった品質改善運動を欧米が自身の戦略手法として取り込み、洗練させ、いま逆に日本の我々がそのシックスシグマに学ぼうとしているのである。

　もともと海外の優れた手法を謙虚に学び、有機的に自家薬籠中のものとするのは日本のお家芸ではなかったか？　米国のシックスシグマ開発手法は下図の通りである。

**日本企業の研究**

【ベストプラクティス】
1. ボトムアップ
2. QC
3. 小集団活動 →パートタイム
4. あうんの呼吸
5. 突貫工事システム

【米国企業の執念】
1. トップダウン
2. 専門集団化
3. テクノクラート基盤
4. 「自分」価値
5. 強みは絶対生かす

【米国人の性向】
1. マニュアル好き
2. トップダウン型
3. リーダーシップ

→ **シックスシグマ**

【公式化、共有化】

ベストプラクティス・ベンチマーク（最もうまくいっている他社の戦略・手法を詳細に調べる＝モノマネの準備）を徹底的に行なったわけである。今度は、また日本が建設的モノマネをする時期なのかもしれない。

## ●TQCとの相違点

TQC、シックスシグマとも品質管理を原点にしている点は同じであるが、TQCが現場の改善運動にとどまっているのに対し、シックスシグマは経営革新手法にまで昇華されている点が大きく違っている。

## ●シックスシグマの効果

経営革新手法としてのシックスシグマの特徴とはどんなものか？　それはトップ・中間管理職・現場の3層が同じツールで顧客のニーズを把握し、品質改善に生かしてゆく点である。

シックスシグマで最も重要なワードはCTQ（Critical To Quality：品質上最も重要なこと）である。このとき重要か否かの視点は「顧客にとって」ということである。日本の品質活動との違いがここにある。

日本ではCTQの視点が作り手にある場合が多く、作り手（企業側）が重要だと思う品質改善ポイントに集中する傾向がある。結果として、顧客のニーズからピントが外れてしまったり、オーバースペックになりコスト高を誘発する。

シックスシグマは「顧客が重要と認識している」ポイントから順番に品質改善し、顧客満足度を高めようという思想である。結果としてコスト削減と、顧客満足の2つの目標を同時に達成できる。

これは製造業のみでなく、もちろんサービス業にも応用できる。

# 44 ベンチャー精神を忘れてはならない
## ——日本の活性化とベンチャーの役割

【ベンチャーのレバレッジ効果】

日本の企業風土では、優秀な人材は伝統的大企業に偏在している。終身雇用制が長く続き、その待遇が群を抜いてよったせいであろうが、なかなか小さな企業には行こうとしない。

それでもその大企業がどんどん新しいことをして、日本を活性化させているのならそれで問題はないのだが、どうも日本の大企業の中で革新的な事業が出てきにくくなっているように感じられる。既存の事業の継続・改善のみでは、やはり縮小均衡につながるようである。それゆえ、昨今ベンチャーの新興が叫ばれているのである。

一般にベンチャーとは、事業分野も、会社自体も新しい場合を指すことが多いようだが、既存分野に新しい会社が切り口を若干変えて参入する場合も、既存の会社が（自社として新しいのではなく）まだだれも参入していない分野に参入す

混同されがちであるが、ベンチャーの**定義は事業の新しさと、企業の新しさの2つの軸で行なうべきである。**

る場合も広義のベンチャーだろう。

これらのベンチャーは2つの点で、日本の活性化につながる可能性がある。

一つは純粋に新しい産業を興し、あらたな需要・雇用を創出するという意味において。もう一つは既存の会社に刺激を与え、変革を促す点においてである。

とはいえ、新興企業が雇用創出といっても、全く新たな企業が成長し、自社自身が大きな雇用を創出するのにはそれなりの時間がかかる。また、世の中に対して大きなインパクトを与える存在感のある企業に育つのにも時間がかかる。

この3種類のベンチャー形態すべてが促進される必要性がある。

産業全体の活性化の観点からいうと、ベンチャー企業の刺激により、既存の大企業が変革するレバレッジ（てこ）効果によるインパクトの方が大きいかもしれない。

日本の活性化という点では、ベンチャー企業の刺激により、既存の大企業が変革するレバレッジ（てこ）効果によるインパクトの方が大きいかもしれない。

【ソフトバンクの果たした役割】

その視点から考えると、ソフトバンクの果たしてきた役割は無視できない。

一時はIT革命の寵児ともてはやされ、数多くの独創的事業を手がけてきたが、結果が思わしくない事業、道半ばで撤退してしまった事業などが散見され、このところ孫社長の経営手法に対し批判が起こっているようである。

だが、ソフトバンクが仕掛けた事業により、どう業界構造が変革したかを考え

## VII トピックス

るとき、その既存の事業構造変革へのレバレッジ効果は驚くべきものがある。

【NASDAQの例】

たとえばNASDAQ JAPANという新興市場を日本に導入したケースを考えてみよう。

2002年8月に日本からの撤退を発表したNASDAQ JAPANではあるが、その創設は既存企業の東証に大きな刺激を与え、変革をよぎなくした。

NASDAQ JAPANの創立発表後、わずか数カ月で、それまで非常に敷居の高かった東証が、新興市場マザーズの開設を発表したのである。

結果としてベンチャー企業が新興市場で直接資金調達する機会が増え、1990年代の3～4倍以上の企業が上場するようになったのである。

欧米のトップMBA卒業生のうち、成績上位層の多くは起業家を目指すと言われているが、日本もMBA後のキャリアパスとして、既存の枠組みを揺るがす大きなビジョンを描いて起業をするオプションが増加するのではないか。

もちろんMBA取得後、大手企業に戻り（就職し）、その中で変革の媒体となることも同様に重要である。

本書がそうした皆さんの一助になれば幸いである。

# 次世代ビジネスパーソンのためのポータルサイト
## グローバルタスクフォース(GTF)のホームページ
## www.global-taskforce.net

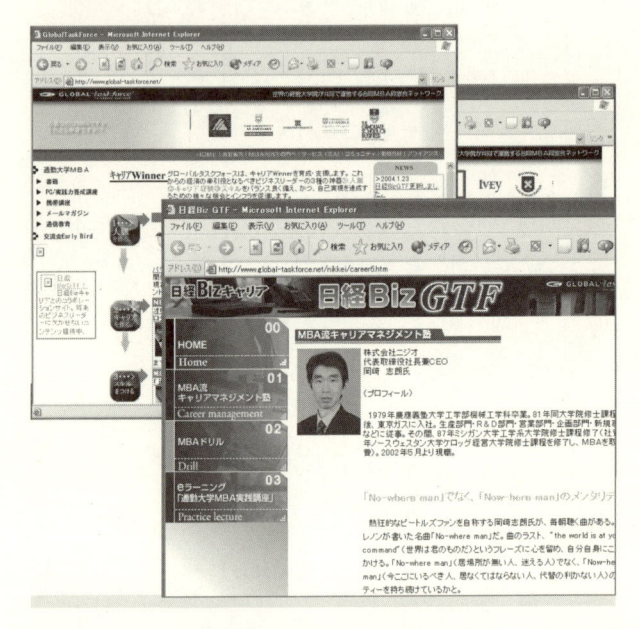

世界最大の公式MBA組織Global Workplaceから生まれ、シリーズ60万部のヒットとなった書籍『通勤大学MBA』シリーズ(総合法令出版)の著者であるグローバルタスクフォース(GTF)と、1日700万ページ・ビューを誇る国内NO.1ニュースサイト日本経済新聞社の「NIKKEI NET」から誕生した「日経Bizキャリア」とのコラボレーションで生まれた「学びながらキャリアアップ」を目指す次世代ビジネスリーダー向けのポータルサイト。毎月2回更新で、新しいコンテンツが続々登場。メールニュースの申込み(無料)も可能。

## 執筆・編集協力

**グローバルタスクフォース株式会社**

世界18カ国の主要経営大学院54校が共同で運営する35万人の公式MBA組織"Global Workplace"(本部:ロンドン)の日本支部。

Stanford, Kellogg, MIT (Sloan) をはじめとする米国トップ20校、London Business School、IMDなどを含む欧州トップ20校、ならびに香港中文大や豪州AGSMなど各国のトップスクールが参画。日本からは慶応、早稲田、および経団連主導で大学院大学として設立されたIUJ (国際大学) の3校が参画を認められている。

同組織日本支部では、雇用の代替としての常駐プロジェクト支援サービス『エグゼクティブスワット』を世界に先駆けて展開。創業ベンチャーから大企業間M&Aなど、多くのプロジェクト実績を持つ。

著書に『通勤大学MBA』シリーズ、『ポーター教授「競争の戦略」入門』(以上、総合法令出版)、『図解　わかるMBAマーケティング』(PHP研究所) などがある。

URL (http://www.global-taskforce.net/)

● **監修者紹介**

**梅津祐良**（うめづ　ひろよし）
早稲田大学ビジネススクール教授。NHK、モービル石油（現エクソンモービル）など35年の間、一貫して人事関連の要職を歴任。著書に『戦略型リーダーシップ』（日本経営協会）、『革新型リーダーシップ』（ダイヤモンド社）、『21世紀の経営リーダーシップ』（日経BP社）、『MBAの人材戦略』（日本能率協会マネジメントセンター、訳書）、『ビジネスEQ』（東洋経済新報社、訳書）がある。ノースウェスタン大学ケロッグスクールにてMBA取得。東京大学卒業。Global Workplace担当教授。

● **著者紹介**

**池上重輔**（いけがみ　じゅうすけ）
ニッセイキャピタル株式会社チーフベンチャーキャピタリスト。
ボストン・コンサルティング・グループ、マスターフーズ、GE、ソフトバンクECホールディングスを経て現職。ベンチャー企業への投資・育成に努める。早稲田大学卒業。英国国立ケンブリッジ大学経営大学院にてMBA取得。

◎ **執筆・構成協力**

**グローバルタスクフォース株式会社**
世界18カ国の主要経営大学院54校が共同で運営する35万人の公式MBA組織"Global Workplace"（本部：ロンドン）の日本支部。創刊1年あまりでシリーズ60万部を越えた定番ハンドブック「通勤大学MBA」シリーズほか22冊の著書がある。

この作品は、二〇〇三年二月にＰＨＰ研究所より刊行されたものに加筆・修正を加えたものです。

| PHP文庫 | ［図解］わかる！MBA |
|---|---|

2004年4月19日　第1版第1刷

| 監修者 | 梅 津 祐 良 |
|---|---|
| 著 者 | 池 上 重 輔 |
| 発行者 | 江 口 克 彦 |
| 発行所 | ＰＨＰ研究所 |

東京本部　〒102-8331　千代田区三番町3番地10
　　　　　　　　　文庫出版部　☎03-3239-6259
　　　　　　　　　普及一部　　☎03-3239-6233
京都本部　〒601-8411　京都市南区西九条北ノ内町11
PHP INTERFACE　　http://www.php.co.jp/

| 組　　版 | 株式会社 エム・エー・ディー |
|---|---|
| 印刷所 製本所 | 大日本印刷株式会社 |

©Hiroyoshi Umezu & Jusuke Ikegami 2004 Printed in Japan
落丁・乱丁本の場合はお取り替えいたします。
ISBN4-569-66170-X

## PHP文庫

逢沢 明 大人のクイズ 知って得する！速算術
阿濃婆作 編 中村義作 編
泉 秀樹 東海道五十三次 おもしろ探訪
井上洋治 キリスト教がよくわかる本
瓜生 中 仏像がよくわかる本
エンサイクロネット 「言葉のルーツ」おもしろ雑学
尾崎哲夫 10時間で英語が話せる
越智幸生 小心者の海外一人旅
快適生活研究会 「料理」ワザあり事典
快適生活研究会 「海外旅行」ワザあり事典
川島令三 編著 鉄道なるほど雑学事典
樺 旦純 人はなぜ他人の失敗がうれしいのか
樺 旦純 ダマされる人・ダマされない人
北嶋廣敏 話のネタ大事典
国沢光宏 愛車学
計量雑学研究会 咳は時速220キロ！
小池直己 TOEICプラスα〈決まり文句〉
甲野善紀 武術の新・人間学
児嶋かよ子 監修 「民法」がよくわかる本
小林祥晃 Dr.コパ、お金がたまる風水の法則

コリアンワークス 「日本人と韓国人」なるほど事典
佐治晴夫 宇宙の不思議
佐藤勝彦 監修 「相対性理論」を楽しむ本
柴田 武 知ってるようで知らない日本語
渋谷昌三 外見だけで人を判断する技術
水津正臣 監修 「刑法」がよくわかる本
世界博学倶楽部 「世界地理」なるほど雑学事典
関 裕二 大化改新の謎
太平洋戦争研究会 太平洋戦争がよくわかる本
多賀一史 日本海軍艦艇ハンドブック
匠 英一 監修 「しぐさと心理」のウラ読み事典
武田鏡村 大いなる謎・織田信長
立川志輔 選・監修 PHP研究所 編 古典落語100席
戸部新十郎 忍者の謎
長崎快宏 アジア・ケチケチ一人旅
中川原英樹 「進化論」を楽しむ本
佐川原英樹 「科学ニュース」の最新キーワード
中村幸昭 マグロは時速160キロで泳ぐ
中村祐願 監修 遺伝子の謎を楽しむ本
日本語表現研究会 気のきいた言葉の事典

日本博学倶楽部 「歴史」の意外な結末
日本博学倶楽部 雑学大学
日本博学倶楽部 世の中の「ウラ事情」はこうなっている
日本博学倶楽部 戦国武将 あの人の「その後」
沼田 朗 ネコは何を思って顔を洗うのか
沼田 朗 イヌはなぜ人間になつくのか
ハイパープレス 雑学居酒屋
服部省吾 戦闘機の戦い方
火坂雅志 魔界都市・京都の謎
平川陽一 世界遺産・封印されたミステリー
福井栄一 上方学
毎日新聞社 話のネタ
前垣和義 東京と大阪「味」のなるほど比較事典
的川泰宣 「宇宙の謎」まるわかり
向山洋一 編 村田斎 著者の良問「算数」72題
八幡和郎 思考力が伸びる
八幡和郎 47都道府県うんちく事典
読売新聞大阪編集局 雑学新聞
読売新聞大阪編集局 雑学特ダネ新聞
リック西尾 自分のことを英語で言えますか？
和田秀樹 受験は要領